DEUTSCHLAND
FÜR BUCHVERLIEBTE

Grass
Arendt
Heine
Luther
Kant
Seghers
Hegel
Gebrüder Grimm
Marx
Böll
Schiller
Lessing
Hesse
Fontane
Mann
Brecht
Goethe

Bernhard Hampp

Deutschland für Buchverliebte

Eine Reise zu den schönsten Buchhandlungen, Büchercafés, Antiquariaten und mehr

BRUCKMANN

Inhaltsverzeichnis

Übersichtskarte 10

Einleitung: Hier beginnt das Abenteuer! 14

Der Osten

1 Zauberbücher unter den Linden 20

2 Spandau erlesen 24

3 Der Ohne-Schatten-Mann 28

4 Psychedelischer Informationsspeicher 30

Fantastische Büchermenschen 32

5 Geschichten gehen auf die Reise 34

6 Unendliche Bögen des Wissens 36

7 Sympathischer Schwindelheinrich 38

8 Schatzgrube im Erzgebirge 40

9 Tattoos, Tablets und Tierwesen 42

10 Stadt der schlauen Bücher 46

11 Botschaften aus den Büchern 48

12 Die Klassikerin 50

13 Soziales Netzwerk Version 1750 54

Der Norden

14 Ein Raum aus Heines Traum 58

15 Gerettete Literatur 60

16 Casanovas große Liebe 62

Fantastische Romane 64

17 Literaturien in Sicht! 66

18 Schlafloser Geist am Meer 68

19 Labyrinth und Bücherschlafsaal 70

20 Tor zur Bücherwelt 72

21 Anhalten und Tee trinken 76

22 Kurs auf Kindheitserinnerung 78

23 Hintersinniger Comedian 80

Fantastische Bücherschätze 82

24 Nicht nur, wenn's prasselt und heult 84

25 Mord verjährt nicht 86

26 Nächste Station: Winkelgasse 88

Der Westen

27 Wörtersammler und Märchenonkel 92

28 Hier ermittelt Wilsberg 94

29 Gefangen in der Wasserburg 98

30 Das Erbe der Krupps 100

31 Für Buchspazierer 102

32 Leselust turmhoch 106

33 Rhein-Lesen 108

34 Schmökern wie in Panama 112

Fantastische Fotospots 114

35 Märchenreich am Vulkansee 116

36 Meucheln in der Eifel 118

37 Vergriffen? Gibt es nicht! 120

38 Für Mittelerde- und Sternreisende 122

39 Er hat's erfunden! 124

40 Einem Gefühl auf der Spur 126

41 Die hohe Kunst der Buchmacherei 130

42 Preziose im Odenwald 132

Der Süden

43 Magie in allen Winkeln 136
44 Mehr als Schulweisheit 140
45 Sympathisant des Teufels 142
46 Das Literaturhauptstädtle 144
47 Weiße Kulturkathedrale 146
Fantastische Bücherrätsel 148
48 Ein einziger Literaturpfad 150
49 Drucken mit Schwarzwaldfichte 154
50 Die Gedanken sind Freiburg 156
51 Meisterliche Handschriften 160
52 Fälscherkrimi im Bücherhimmel 162
Fantastische Museen 164
53 Bühnenpremiere in Augsburg 166
54 Rätsel um einen Ritter 168
55 Besuch bei Sams und Apfelhexe 170
56 Bücherjäger und Sammler 174
57 Tick, Trick, Track und Schiller 176
58 Begehbare Bücherkrippe 178
59 Kammern zum Wundern 180
60 Regale in Kinderschuhen 182

Register 187
Bildnachweis 189
Autor | Danksagung | Impressum 190

0 50 km
N
DÄNEMARK
Ostsee
Nordsee
Nordfriesische Inseln
Helgoland
Ostfriesische Inseln
Fehmarn
Rügen
Usedom
Eckernförde
Kiel
Stralsund
Rostock
Meldorf
Lübeck
Wismar
Elbe
Bremerhaven
HAMBURG
Schwerin
Waren (Müritz)
Müritz
Emden
Oldenburg
Weser
Bremen
Hitzacker (Elbe)
Oder
Havelberg
POLEN
NIEDERLANDE
Ems
Celle
Hannover
BERLIN
Potsdam
Osnabrück
Magdeburg
Spree
Cottbus
Rhein
Osterode a. Harz
Thale
Saale
Neiße
Dortmund
Brilon
Göttingen
Halle
Leipzig
Düsseldorf
Kassel
Görlitz
Köln
Erfurt
Dresden
Siegen
Chemnitz
Bonn
Bad Salzungen
Koblenz
Blankenstein
Wiesbaden
FRANKFURT am Main
Mainz
Marktredwitz
Bamberg
TSCHECHIEN
LUXEMBURG
Trier
Mosel
Darmstadt
Main
Würzburg
Saarbrücken
Kaiserslautern
Heidelberg
Nürnberg
Heilbronn
Gunzenhausen
Regensburg
Karlsruhe
Deggendorf
Stuttgart
Ingolstadt
Donau
FRANKREICH
Passau
Rottenburg
Ulm
Augsburg
Gosheim
MÜNCHEN
Freiburg
Memmingen
Chiemsee
Salzburg
Starnberger See
Konstanz
Wehr
Lindau
Füssen
Berchtesgaden
Bodensee
Bregenz
ÖSTERREICH
SCHWEIZ
LIECHTENSTEIN
1
2
3
4
6
7
8
9
10
11
12
13
14
15
16
17
18
19
20
21
22
23
24
25
26
27
28
29
30
31
32
33
34
35
36
37
38
39
40
41
42
43
44
45
46
47
48
49
50
51
52
53
54
55
56
57
58
59
60

Buch ahoi! Wer liest, erlebt fantastische Reisen.

Gigantische Bücherwände in der Augusteerhalle der Herzog-August-Bibliothek Wolfenbüttel. Sie hütet einige der kostbarsten Bände weltweit.

Hier beginnt das Abenteuer!

WO DIE GEHEIMTÜREN IN FASZINIERENDE BÜCHERWELTEN VERSTECKT SIND

Andere träumen von Geld oder Macht – ich träume von einer eigenen Bibliothek mit einer versteckten Tür im Regal, die zu einer zweiten, noch geheimnisvolleren Bibliothek führt. Dieses sinngemäß wiedergegebene Zitat geistert in verschiedenen Versionen von unterschiedlichen Urheberinnen und Urhebern durch Social Media. Und trifft die Magie, die verwunschene Bücherorte ausüben: labyrinthartige Antiquariate, edel bestückte Buchhandlungen, museale Schatzkammern.

Diese Orte faszinieren, weil sie voll sind mit eigenwilligen Lebewesen: Büchern. Bücher fesseln, foltern, entführen, amüsieren oder streiten mit uns. Sie reisen mit uns in ferne Welten und lassen uns mit Menschen aus fremden Zeiten reden. Sie öffnen Türen – zum Träumen, Weiterdenken und Selbstschreiben.

Doch Bücher sind auch dekorativ. Sie gestalten Räume gemütlich und verleihen ihnen eine tiefere Dimension: Da stehen nicht nur Sammeltassen in der Schrankwand, sondern Gedanken, Gefühle, Geschichten. Ob Jahrhunderte alt, auf Büttenpapier gedruckt und in Ziegenleder gebunden; oder modern als Graphic Novel mit Farbschnitt:

Bücher sind fotogene Lifestyle-Objekte – gerade auf Social Media. Wunderbare Accessoires, die nie aus der Mode kommen. Kein Wunder, dass das französische Fashion-Haus Saint Laurent 2024 die stilvolle Buchhandlung BABYLONE im 7. Pariser Arrondissement eröffnet hat.

Bücher trösten, helfen, umarmen, verführen oder überführen und sind doch so viel mehr als bloße Texte. Ein Buch erzählt Lebensgeschichten: von Menschen, die es geschrieben, illustriert, übersetzt und lektoriert haben. Die es gedruckt, gebunden, verlegt, verkauft oder wiederverkauft haben. Die es mit ihrem Exlibris oder einer Widmung für eine geliebte Person in der Ferne versehen, ein Lesezeichen oder angestrichene Stellen hinterlassen haben. Die es zerlesen, geliebt, vielleicht sogar »gefressen« haben …

Welcher ist der schönste Bücherort? Natürlich können es die Hängematte am See oder der kuschelige Ohrensessel im Wohnzimmer daheim sein. Aufregender ist es aber, wenn Bücherorte zu den Reiseentdeckungen gehören. Es müssen ja nicht unbedingt Buchhandlungen wie SHAKESPEARE AND COMPANY in Paris oder die LIVRARIA LELLO im portugiesischen Porto sein, die von Touristenhorden überrannt werden. Warum nicht einfach in diesen und vielen anderen – bekannten oder unbekannten – Städten in einer verwinkelten Gasse ein winziges Antiquariat aufstöbern, wo die Bände bis zur Decke reichen und regelrechte Burgen aus Liebesromanen gebaut sind? Und wer weiß, vielleicht findet sich dort – wie in Michael Endes Roman – eine abgewetzte Scharteke, die *Die unendliche Geschichte* heißt?

Oder Klosterbibliotheken bereisen, in denen Mönche oder Nonnen vor 1000 Jahren goldene Initialen auf Pergament malten? Dort gibt es sie übrigens häufig tatsächlich – die Geheimtüren! Nicht zu vergessen Bibliotheken, mit denen Königinnen und Herzöge ihre Schlösser schmückten oder Hotels ihre kommenden und gehenden Gäste verwöhnen; Literaturcafés zum Nie-wieder-verlassen-Wollen; Buchflohmärkte mit Suchtgefahr; ganze Bücherdörfer … Es gibt unendlich viel zu entdecken – Geheimtür auf!

Bernhard Hampp

Das Krokodil an der Decke schon entdeckt?
Die Staatliche Bibliothek Passau ist als Wunderkammer wie zur Zeit der Renaissance eingerichtet.

READ
More
BOOKS

Der Osten

In welchen Berliner Kiezen lohnt die Bücherjagd? Kann ein Mensch ohne Schatten leben? Welche Bibliothek ist himbeerrot und knallgrün? Und warum wohnt im Haus Nummer 22 ein tätowierter Fisch? Schatzsuche in Berlin, Leipzig, Weimar und vielen weiteren Bücherorten in Deutschlands Osten.

Zauberbücher unter den Linden

DAS KULTURWERK UND WEITERE LESEORTE IN BERLIN

Abrakadabra: Mitten in Berlin, im KULTURWERK der STAATSBIBLIOTHEK UNTER DEN LINDEN, sind Zauberbücher zu bestaunen: zum Beispiel *Eine Geistersoiree* von 1886, das den Autor Hans Jacoby-Harms selbst bei der Beschwörung von Spukwesen abbildet. Das 2022 eröffnete Buchmuseum präsentiert eine Sammlung von Traktaten rund um Magie, spiritistische Praktiken, Täuschungen und Tricks als eine von 25 Stationen seiner Dauerausstellung. Thematisiert werden auch die Bibliotheksgeschichte und Sammelschwerpunkte wie der Orient oder das Werk des Schauerromantikautors E. T. A. Hoffmann.

Die zugehörige Schatzkammer zeigt die kostbarsten Bücher und Manuskripte hinter Glas: Das Team wechselt die empfindlichen Exponate regelmäßig aus. Doch ganz egal, welche Juwelen aus ihren Beständen die Staatsbibliothek gerade ausstellt: Ihr Anblick verzaubert. Eine mittelalterliche Handschrift des *Nibelungenliedes*, das bedruckte Papierröllchen *Hyakumanto Darani* mit buddhistischen Zaubersprüchen aus dem 8. Jahrhundert, Beethovens *Neunte Symphonie* im Original oder die mit 63 mal 47 Zentimetern größte hebräische Pergamentbibel der Welt – die *Erfurter Bibel.* In den Schatten gestellt werden solche Schätze nur vom weltweit wohl schönsten Exemplar der 42-zeiligen *Gutenberg-Bibel* auf Pergament. Und: In einer ständig verfügbaren Multimedia-Installation können Besucherinnen und Besucher virtuell in der Berliner Gutenberg-Bibel blättern.

Zwölf Millionen Druckschriften hütet die STAATSBIBLIOTHEK, die als Erbe des Kalten Krieges noch immer zwei Hauptstandorte besitzt: den neobarocken Prachtbau von 1903 Unter den Linden im ehemaligen Ostteil und das einem Ozeanriesen nachempfundene Gebäude aus den 1960er-Jahren beim Kulturforum im früheren Westberlin.

Wer schon einmal am Boulevard Unter den Linden weilt, kann hier weitere spannende Bücherorte auf engstem Raum entdecken. Etwa die ALTE BIBLIOTHEK, die ob ihrer geschwungenen Formen »Kommode«

Oben: Unter den Linden, im Museum Kulturwerk, präsentiert die Staatsbibliothek Berlin faszinierende Bücherschätze aus ihrer gewaltigen Sammlung. Unten: »Lesesaal Atlantis« heißt das Herzstück der Staatsbibliothek ganz offiziell – benannt nach dem sagenhaften Kontinent.

BUCHHANDLUNGEN

In den Arkadenbögen unter den S-Bahn-Gleisen am Charlottenburger Savignyplatz warten gleich zwei beachtliche Bücherreiche: Der BÜCHERBOGEN – hier zieht sich ein roter Teppich durch die Gewölbe – bietet eine immense Auswahl zu Malerei, Design, Film, Architektur und Mode. Die benachbarte AUTOREN-BUCHHANDLUNG BERLIN, die 1976 von 120 Literatinnen und Literaten gegründet wurde, führt Literatur aus Independent-Verlagen und besitzt eine fotogene Regenbogenwand mit Suhrkamp-Taschenbüchern.

genannt wird und heute die Juristische Fakultät der Humboldt-Universität beherbergt. Erbauen ließ sie der lesebegeisterte Preußenkönig Friedrich der Große um 1784. Von Friedrichs Bücherliebe zeugen heute noch die historischen Bibliotheken im Schloss Charlottenburg sowie den Potsdamer Schlössern Sanssouci und Neues Palais.

Am Platz vor der »Kommode« findet sich ein Fenster im Pflasterbelag. Darunter: ein leeres Bücherregal. Dieses Mahnmal des israelischen Künstlers Micha Ullman erinnert daran, was am 10. Mai 1933 auf dem Platz geschehen ist: Eine von den Nazis aufge-

Drei ganz unterschiedliche Tempel der Leselust in Berlin: das Jacob-und-Wilhelm-Grimm-Zentrum der Humboldt-Universität (o. l.), das KulturKaufhaus Dussmann (o. r.) und die Bibliothek im Schloss Charlottenburg (r.)

hetzte Meute warf mehr als 20.000 Bücher jüdischer, oppositioneller und kritischer Autorinnen und Autoren ins Feuer.

Hinter dem DEUTSCHEN HISTORISCHEN MUSEUM versteckt sich der Zugang zu dessen interessanter Museumsbibliothek. 250.000 teils einzigartige Bände lagern im früheren Bankgebäude der um 1900 erbauten Preußischen Central-Genossenschaftskasse. Besonders der Lesesaal – die ehemalige Kassenhalle, die von Kriegsbomben verschont blieb – atmet mit historisierenden Säulen und Art-déco-Mosaiken den Geist einer Epoche, als das pulsierende Berlin ein modernes Babylon war.

Schnäppchen sind nebenan am Spreekanalufer möglich. Hier findet immer samstags, sonn- und feiertags von 10 bis 17 Uhr der ANTIK- UND BUCHMARKT AM BODEMUSEUM statt.

Nicht weit ist es zur 2009 eröffneten Zentralbibliothek der Humboldt-Universität – dem JACOB-UND-WILHELM-GRIMM-ZENTRUM. Dessen Innenarchitektur gleicht einem riesigen Büchermöbel. Wer in dem treppenartig ansteigenden, 20 Meter hohen Lesesaal schmökert, glaubt irgendwann, selbst auf einem Regalbrett aus rötlichem Kirschbaumholz zu sitzen.

300 Meter weiter beeindruckt Berlins größte Buchhandlung, das KULTURKAUFHAUS DUSSMANN, mit einer gigantischen Auswahl an Büchern sowie vielen, immer wieder neu und individuell gestalteten Leseecken. Alleine schon die Wand mit Reclam-Bänden ist ein fabelhafter Fotospot. Very british fühlt es sich hingegen zwischen dunklen Holzregalen und Karoteppichen im zugehörigen English & International Bookshop an.

MUSEUM

Spandau erlesen

DAS MUSEUM SPANDOVIA SACRA UND LITERARISCHES RUND UM BERLIN

Wer einen Städtetrip nach Berlin unternimmt, denkt sicherlich nicht zuerst an Spandau. Zumindest für Geschichtsinteressierte ist der westliche Stadtbezirk mit seiner Zitadelle und der hübschen Altstadt aber ein guter Tipp. Älter als Berlin, durfte sich Spandau bereits 1232 Stadt nennen – und wurde 1920 dennoch von der Metropole geschluckt. Mitten in der Altstadt, am Reformationsplatz gegenüber der Nikolaikirche, versteckt sich ein Schatz: Das kirchengeschichtliche MUSEUM SPANDOVIA SACRA hütet eine Bibliothek mit 3000 altehrwürdigen Bänden – die meisten zeugen von den Epochen der Reformation und der Aufklärung. Aber auch eine Handschrift des sogenannten *Nikodemus-Evangeliums* aus dem Jahr 1447 ist darunter. Dieser Text zählt zu den sogenannten Apokryphen, die nicht offiziell in die Bibel aufgenommen wurden.

Die Spandauer Kirchenbibliothek sammelte sich im Lauf der Jahrhunderte an. Zuerst trugen die Nonnen eines hiesigen Klosters Bücher zusammen, dann taten es die Pfarrer – zu denen auch der Gelehrte Georg Wilhelm Wegner (1692–1765) gehörte. Ein Teil der wertvollen Bestände ging während des Zweiten Weltkriegs verloren. Ein anderer ist in dem an Wochenenden geöffneten Museum zu bestaunen – beispielsweise ein *Koran* aus dem Jahr 1694. Die meisten Schätze aber lagern in den Regalen im ersten Stock des Museums. Wer sie in Augenschein nehmen möchte, sollte sich bei der Institution der evangelischen Kirchengemeinde vorab anmelden.

Bei einzelnen Veranstaltungen gibt Museumsleiterin Sabine Müller Einblicke in die Spandauer Geheimnisse, präsentiert Bände mit uralten Schauergeschichten und liest auch daraus vor. Manchmal wird das Bibliothekszimmer sogar zum Escape Room – nur wer ein kniffliges Bücherrätsel löst, kommt wieder hinaus. Zu den Öffnungszeiten des

Versteckt in der historischen Altstadt von Berlin-Spandau hütet das Museum Spandovia Sacra eine sagenhafte Kirchenbibliothek. Ein jahrhundertealter Bibliothekskatalog, theologische und philosophische Schriften haben die Zeiten überdauert – aber auch blutrünstige Mordgeschichten.

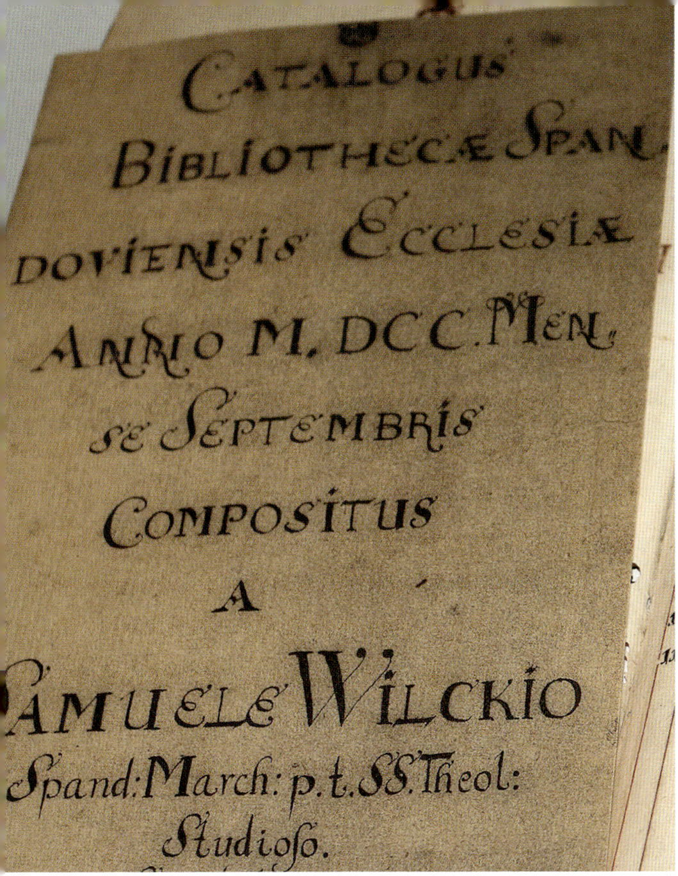
CATALOGUS
BIBLIOTHECÆ SPAN
DOVIENSIS ECCLESIÆ
ANNO M. DCC. MEN
SE SEPTEMBRIS
COMPOSITUS
A
SAMUELE WILCKIO
Spand:March: p.t. SS.Theol:
Studioso.

1764
1764
1764
1765
1768
1772

Museums bietet das von Ehrenamtlichen betriebene Café Kaffee und Kuchen – im Sommer auch draußen.

Danach lohnt auch ein Blick in die historisch bedeutsame Nikolaikirche. Hier nahm Kurfürst Joachim II. anno 1539 erstmals das Abendmahl nach lutherischem Ritus ein: Die Mark Brandenburg wurde evangelisch. Wer möchte, kann hier außerdem auf die Jagd nach ganz kostbaren Buchschätzen gehen. Im AUKTIONSHAUS BASSENGE im Ortsteil Grunewald kommen regelmäßig wertvolle Druckwerke, Handschriften und Autografen unter den Hammer. Dass auch Neulinge in die Welt der Versteigerungen hineinschnuppern, ist ausdrücklich erwünscht.

Stuckdecken, Holzsäulen und Mosaikfußböden zieren das LITERARISCHE COLLOQUIUM in einer 1884 erbauten Villa am Großen Wannsee: Das Literaturhaus bietet regelmäßig Buchvorstellungen, Festivals und Preisverleihungen. Berühmt ist es für sein Stipendienprogramm – viele namhafte Autorinnen und Autoren wohnten schon in dem Palast.

Und nur ein kurzer Fußweg ist es von hier zum GEDENKSTEIN FÜR HEINRICH VON KLEIST. Der Autor bahnbrechender Werke wie *Michael Kohlhaas* und *Über das Marionettentheater* zerbrach an finanzieller Erfolglosigkeit und Missachtung: Am Wannseeufer traf er sich im November 1811 mit der unheilbar kranken Freundin Henriette Vogel, wo sie wie verabredet gemeinsam Selbstmord begingen.

In Berlins Süden liegt das Literatenviertel Friedenau. Die Schriftstellerin Christa Moog hat ihr heimeliges LITERATURHOTEL nicht von ungefähr hier eröffnet. Das ganze Haus mit Bibliothek, Kronleuchter und Klavier ist eine Hommage an Autorinnen und Autoren wie Rainer Maria Rilke, Erich Kästner, Günter Grass und Herta Müller, die schon in Friedenau lebten.

Köpenick ist Spandaus historisches Pendant im Osten und ideal für einen Bummel am Wasser. Hier findet sich mit BETT & BUCH ein Literaturhotel mit Lesecafé in der 1883 erbauten ehemaligen Volksbücherei. Die 18 Zimmer sind nach Autorinnen und Autoren benannt und entsprechend eingerichtet, darunter Jorge Amado, Kurt Tucholsky und Anna Seghers. Für Seghers-Fans lohnt übrigens ein Abstecher ins nahe Adlershof, wo sich das ANNA-SEGHERS-MUSEUM in der letzten Wohnung der Grande Dame der DDR-Literatur widmet.

Ganz links: Die Privatbibliothek der Anna Seghers in Adlershof ist Teil der Gedenkstätte.
Links: Im Foyer des Literaturhotels in Friedenau
Oben: Das Literarische Colloquium am Wannseeufer

ENTDECKUNGSREISE

Berliner Gegenden, in denen die Bücher-Entdeckungsreise lohnt, sind die Akazienstraße und der Nollendorfkiez in Schöneberg, Steglitz (das riesige ANTIQUARIAT HENNWACK ist in die Feuerbachstraße umgezogen), Prenzlauer Berg (ANTIQUARIATE MUTABOR und GEISTERSCHMIEDE, Buchcafé MINOA) und der Kreuzberger Bergmannkiez. Alle Tipps gibt's im Band »Berlin für Buchverliebte« von Bernhard Hampp und Olaf Meinhardt.

Chamisso
MUSEUM

keine andre Uhr,
keinen andern Calender
als die Blumen

Chamisso
MUSEUM

MUSEUM

Der Ohne-Schatten-Mann

DAS CHAMISSO-MUSEUM IN KUNERSDORF

Wer sagt, der Schatten sei nicht wichtig? Ohne diesen treuen Begleiter, der uns zeigt, dass die Sonne scheint, sind wir keine richtigen Menschen. Das muss Peter Schlemihl erfahren, der traurige Titelheld aus Adelbert von Chamissos Roman *Peter Schlemihls wundersame Geschichte* von 1814. Im Tausch gegen seinen Schatten hat er zwar ein unerschöpfliches Säckchen Gold erhalten. Doch was hilft das, wenn ihn die Mitmenschen fürchten?

Der Romantiker Chamisso verarbeitete in dem Roman seine eigene Lebensgeschichte. Als Kind war er vor den Revolutionstruppen aus seiner französischen Heimat geflohen. In Berlin fühlte er sich fremd und einsam. Zwar diente er als preußischer Soldat. Doch als Napoleon Europa überrannte, verdächtigte man Chamisso dennoch, dessen Spion zu sein.

Also zog er als Gast der belesenen Henriette Charlotte von Itzenplitz auf das entlegene SCHLOSS KUNERSDORF im Oderbruch und schrieb seinen Roman. Das Museum in einem ehemaligen Schlossgebäude erzählt von der Zeit, als Kunersdorf ein Musenhof war. Es thematisiert mit Buchausgaben, Installationen und Audiostationen Chamissos Autorentätigkeit, seine Freundschaft mit Literaten wie E. T. A. Hoffmann und Friedrich de la Motte Fouqué, aber auch seine Karriere als Botaniker und wissenschaftlicher Teilnehmer einer Weltumsegelung.

Was Wunder, dass die Romanfigur Schlemihl ebenso ruhelos als Naturforscher um die Welt reist. Ganz entspannt bei einem Getränk im Cham-Café kann dagegen dieser Museumsbesuch ausklingen.

KLEIST-MUSEUM

Heinrich von Kleist wurde um 1777 in Frankfurt an der Oder geboren. Seine Heimatstadt hat dem Literaten, der lange vergessen war, heute jedoch zu den bedeutendsten Erzählern und Dramatikern deutscher Sprache zählt, ein modernes Museum errichtet, das Leben, Werk und die kunstvolle Sprache Kleists thematisiert. Empfehlenswert sind die zugehörige Bibliothek, die Veranstaltungen und Sonderausstellungen.

Das Chamisso-Museum in einem ehemaligen Schlossgebäude wurde vom Förderverein Kunersdorfer-Musenhof e. V. mit Spenden aufgebaut und wird ehrenamtlich betrieben. Das zugehörige Café ist ein Gewerbe.

Psychedelischer Informationsspeicher

DAS IKMZ DER
BRANDENBURGISCHEN TECHNISCHEN UNIVERSITÄT COTTBUS

Wer erinnert sich noch an das Testbild, das einst in Sendepausen über den Fernsehbildschirm flimmerte? Geradewegs in ein solches Testbild versetzt fühlen sich Nutzerinnen und Nutzer in der grellbunten Bibliothek der Brandenburgischen Technischen Universität in Cottbus. Das Schweizer Architekturbüro Herzog & De Meuron schuf nicht nur die Münchner Fußballarena und die Hamburger Elbphilharmonie, sondern auch dieses 2005 eröffnete Informations-, Kommunikations- und Medienzentrum, kurz IKMZ. Wer sich ihm nähert, sucht vergeblich nach hinten und vorne, Ecken und Kanten. Mit einer Amöbe ist die futuristische Form der Bibliothek bereits verglichen worden. Die Fassade besteht aus Glas und ist mit weißen Buchstaben aus Alphabeten verschiedenster Sprachen bedruckt. Knallige (Testbild-)Farben regieren im Inneren – Himbeerrot etwa oder Knallgrün. Eine Spindeltreppe über sieben Stockwerke und kolossale Spiralkronleuchter verstärken die beinah schon psychedelische Wirkung. Ach ja, und Bücher gibt es auch: 1,2 Millionen Medien insgesamt. Ein großer Teil widmet sich den Naturwissenschaften und der Technik und ist offen zugänglich aufgestellt. Das zweite Obergeschoss beherbergt ständig wechselnde Ausstellungen, 2023 unter anderem zum »Leseland DDR« und zur »Science-Fiction in der DDR«. Wer ausgelesene Schmöker gegen andere gebrauchte Bände tauschen will, findet in der Cafeteria ein Regal.

WIRTSHAUS-BIBLIOTHEK

Die Gasthof-Pension Moritz im brandenburgischen Flämingdorf (Ortsteil Rädigke) beherbergt Deutschlands erste Wirtshaus-Bibliothek. Die Sammlung aus mehreren Tausend Büchern zum Lesen und Ausleihen ist im Festsaal untergebracht und wird von Ehrenamtlichen betreut. Geöffnet ist die FLÄMING BIBLIOTHEK derzeit, »so lange der Bierhahn läuft«.

Sogar die Fassade kann gelesen werden: Buchstaben verschiedener Alphabete schmücken das Informations-, Kommunikations- und Medienzentrum (IKMZ) in Cottbus. Die Schweizer Stararchitekten Jacques Herzog und Pierre de Meuron haben den schrägbunten, zehnstöckigen Bau geschaffen.

Fantastische Büchermenschen

... UND WO SIE ZU FINDEN SIND

Drei berühmte Frauen und große Autorinnen stehen im Mittelpunkt der folgenden Seiten. Wo haben sie gelebt? Was hat sie bewegt, was angetrieben? Auf den Spuren ihrer Wirkungsstätten kann man mehr über sie erfahren.

Das Kloster Rupertsberg in Bingen am Rhein um 1600

Die spirituellen Texte, Lieder sowie Betrachtungen zur Heilkunde der **Hildegard von Bingen** faszinieren selbst nach rund 900 Jahren. Hildegards Taufkirche in ihrem rheinhessischen Geburtsort Bermersheim steht heute noch. Vom Kloster Disibodenberg, in das sie als Sechsjährige eintrat, blieben dagegen nur noch Ruinen. Auch das Kloster Rupertsberg in Bingen am Rhein, das die Äbtissin 1150 gründete, ist längst zerstört. Wie es aussah, zeigt ein Modell im Bingener MUSEUM AM STROM, das das Leben und Wirken dieser starken Frau nachzeichnet.

Das Museum Sophie la Roche im württembergischen Bönnigheim

Sophie von La Roche wurde 1771 mit ihrem empfindsamen Briefroman *Fräulein von Sternheim* zu Deutschlands erster Bestsellerautorin. Ihre Heimatstadt Kaufbeuren hat ihr einen Teil des STADTMUSEUMS gewidmet. Am Wirkungsort Bönnigheim erzählt ein MUSEUM SOPHIE LA ROCHE von ihr, in Speyer, wo sie eine Frauenzeitschrift herausgab, die Gedenkstätte SOPHIE-LA-ROCHE-STUBE. Ihr Grabstein steht heute als Nachbildung in Offenbach am Main.

Annette von Droste-Hülshoff, hintergründige Lyrikerin und Erzählerin, wuchs auf Burg Hülshoff im Münsterland auf, das heute als Museumskomplex und Literaturzentrum gestaltet ist. Die 1797 geborene Autorin zog als Enddreißigerin zu ihrer Schwester Jenny, der Frau des Büchersammlers und Schlossherren Joseph von Laßberg, zuerst nach Eppishausen in der Schweiz, dann auf Burg Meersburg am Bodensee, wo sie bis zu ihrem Tod lebte. Sehenswert sind das BURGMUSEUM sowie Droste-Hülshoffs Rückzugsort, das FÜRSTENHÄUSLE, das ganz in der Nähe des Meersburger Obertors in einem Weinberg zu finden ist.

Annette von Droste-Hülshoffs Ausblick von ihrem Fürstenhäusle

WEITERE

Geschichten gehen auf die Reise

DIE BÜCHERKIRCHE IN AXIEN

Axien ist ein 400-Einwohner-Dorf im Osten Sachsen-Anhalts zwischen Torgau und Lutherstadt Wittenberg. Wer sich von Westen her nähert, kann die Fähre über die Elbe nehmen. Doch warum sollte man das überhaupt tun? Na, wegen der Kirche!

Der romanische Backsteinbau ist nämlich nicht nur ein Ort für evangelische Gottesdienste, sondern auch ein Hort für Bücher. Rund 8000 von ihnen stehen im hinteren Bereich des Gotteshauses. Oben, auf der Orgelempore, sind die Bände von Autorinnen und Autoren der DDR zu finden. Unten, in der Sakristei, hat das ehrenamtliche Team die Bände nach Verlagen angeordnet. Es gibt Ecken für Garten, Sport, Geografie, Liebesromane, Kinderbücher, Religiöses, Antiquarisches und natürlich Krimis – der größte Posten.

Hier wird der »Geist der Gemeinschaft und des Tausches« gelebt, wie es auf der Website heißt. Genauer gesagt: Wer ein Buch mit nach Hause nimmt, lässt ein anderes – oder eine kleine Spende – da. Mitgebrachtes wird einfach in den Korb für »Neuheiten« gelegt. Wer 40 Bücher oder mehr anliefert, sollte das allerdings vorher absprechen. Denn natürlich muss das Team auch regelmäßig Bücher aussortieren, die mehrfach vorhanden, beschädigt oder schlicht nicht gefragt sind. Grundsätzlich aber gilt für die Truppe, die 2014 die Idee der Bücherkirche verwirklicht hat und dort auch Lesungen veranstaltet: »Wir glauben, dass Geschichten in die Welt hinaus gehen sollten und dass sie nur beim Lesen nicht in den Regalen leben!«

Die Bücherkirche in Axien ist nicht nur Gotteshaus, sondern auch Fundgrube für gebrauchten Lesestoff. Die Buchhandlung Fabularium (o. r.) in Magdeburg nimmt die Hundertwasser-Architektur auf.

BUCHHANDLUNG

In der Grünen Zitadelle, dem von Friedensreich Hundertwasser gestalteten Wohn- und Geschäftshaus im Zentrum Magdeburgs, findet sich mit dem FABULARIUM ein »Fachgeschäft für wohlsortierte Buchstaben«. Heißt: Hier gibt es besondere Bücher über schöne Dinge. Die Buchhandlung mit angegliederter kleiner Galerie nimmt in ihren individuell gestalteten Möbeln die organischen, lebendigen Formen der Hundertwasser-Architektur auf.

BIBLIOTHEK

Unendliche Bögen des Wissens

DIE BIBLIOTHEK DER OBERLAUSITZISCHEN GESELLSCHAFT DER WISSENSCHAFTEN IN GÖRLITZ

Die schönste Stadt im ganzen Land? Das ist Görlitz, sagen viele, mit Tausenden Baudenkmälern aus verschiedensten Epochen, verwunschenen Arkadengängen und einer eindrucksvollen alten Bibliothek, die mit ihrer Bogenarchitektur die Atmosphäre einer behaglichen Bücherhöhle ausstrahlt: Grund genug, hierher an die polnische Grenze zu reisen.

Die Bibliothek der 1779 gegründeten Oberlausitzischen Gesellschaft der Wissenschaften findet sich im KULTURHISTORISCHEN MUSEUM BAROCKHAUS am Untermarkt. Herzstück ist der historische Bibliothekssaal im ersten Stock, den gelehrte Görlitzer um 1806 errichten ließen. 20.000 Bände tummeln sich in den Regalen an den Wänden und in hölzernen Bögen. Wer diese Bögen passiert, glaubt von einer Dimension des Wissens in die nächste zu schreiten – scheinbar unendlich tut sich ein Tor nach dem anderen auf.

In der Gewölbeschatzkammer sind wertvolle Druckwerke ausgestellt. 33 Frühdrucke aus der Zeit vor 1500; 1000 Flugschriften der Reformationszeit; 3000 Karten und Atlanten sowie 7000 Leichenpredigten beinhaltet die Sammlung. Aus dem 11. Jahrhundert stammt eine Handschrift mit Texten des römischen Historikers Sallust.

Das Zimmer des Bibliothekars, ein schmaler Flur voller Bücher und weitere Bibliotheksräume machen das Erlebnis komplett. Die Sammlung – sie umfasst insgesamt 150.000 Schriften zur Oberlausitz und zu Niederschlesien – kann im wenige Häuser entfernten Hauptgebäude der Bibliothek mit Lesesaal studiert werden.

MUSEUM

Das SCHLESISCHE MUSEUM zu Görlitz widmet sich der Kultur u nd Geschichte der Region, in der Literaturgrößen wie der barocke Mystiker Angelus Silesius, der romantische Poet Joseph von Eichendorff und zeitweise die Autorin der *Nesthäkchen*-Kinderbücher, Else Ury, lebten. Es ist ebenfalls am Untermarkt zu finden.

Gehört zu den absoluten Sehenswürdigkeiten in der historischen Altstadt von Görlitz: die Bibliothek der Oberlausitzschen Gesellschaft der Wissenschaften. Ihre Schätze sind in einem Gewölbe präsentiert.

MUSEUM

Sympathischer Schwindelheinrich

DAS KARL MAY MUSEUM IN RADEBEUL

Wer sagt, dass Schriftsteller die Abenteuer selbst erlebt haben müssen, von denen sie berichten? Bei Karl May (1842–1912), einem der meistgelesenen deutschsprachigen Autoren überhaupt, gingen die Zeitgenossen wie selbstverständlich davon aus. Viele waren bitter enttäuscht, als sie erfuhren: May war nie als Old Shatterhand im Wilden Westen oder als Kara Ben Nemsi im Orient gewesen. Und seinen vorgeblichen Freund Winnetou hatte er sich nur ausgedacht. Sie schalten den Autor von mehr als 70 Büchern auf gut sächsisch einen »Schwindelheinrich«. Kein Wunder, May hatte den Mythos selbst gepflegt.

Sein Wohnhaus in Radebeul bei Dresden versah er beim Einzug 1895 mit dem Schriftzug »Villa Shatterhand«. Heute bewahrt das dortige KARL MAY MUSEUM Winnetous und Old Shatterhands angebliche Gewehre Silberbüchse, Bärentöter und Henrystutzen in einer Vitrine auf: May hatte sie heimlich in Dresden anfertigen lassen und damit für Postkarten posiert. In einer schmucken Bibliothek stehen neben Erstausgaben und Manuskripten seiner Romane auch die Lexika und Reisebücher, in denen er seine vorgeblichen Erlebnisse recherchiert hatte.

Das Museum würdigt May jedoch auch als christlich geprägten Autor, der sich für Respekt vor anderen, Pazifismus und Völkerverständigung einsetzte. In der VILLA BÄRENFETT, dem Blockhaus im Garten, setzt sich eine Dauerausstellung mit der wirklichen Kultur der indigenen Völker Nordamerikas aus. Wechselausstellungen ergänzen das Programm.

Karl Mays Bibliothek: Hier stehen noch die Lexika und Reiseführer, in denen der Erfolgsschriftsteller die Stoffe für seine Wildwestromane um Winnetou und Old Shatterhand recherchierte.

ANTIQUARIAT

Kostbare Bücher, Fotografien, Antiquitäten und Sammlerobjekte gibt es bei BACHMANN & RYBICKI beim Palaisplatz in Dresden. Wer eine alte Villa stilgerecht ausstatten möchte, kann sich in diesem Antiquariat eindecken. Eine Niederlassung unterhält das Geschäft, das auch regelmäßig auf der Antiquariatsmesse Leipzig vertreten ist, in Königsbrück am Rande der Oberlausitz.

ANTIQUARIAT

Schatzgrube im Erzgebirge

DAS ABRAHAMSCHACHT-ANTIQUARIAT FREIBERG

Glück auf! Fans des Vokals »A« finden im ABRAHAMSCHACHT-ANTIQUARIAT SCHMIDT im sächsischen Freiberg siebenmal diesen Laut. Buchbegeisterte entdecken Lesestoff in allen Preisklassen, und für Bergbauinteressierte wiederum ist das Gebäude auf dem Gelände der Himmelfahrt-Fundgrube spannend. Ab dem 12. Jahrhundert schürften die Erzgebirgler hier Silber, im 19. Jahrhundert sogar mehr als irgendwo sonst in Europa. Bis 1968 wurde noch Erz gefördert. Heute nutzt die TU Bergakademie Freiberg die Anlage als Lehrbergwerk.

BÜCHER-RESTAURANT

Nicht nur schnelle Pizza und Pasta, sondern auch Bücher in Hülle und Fülle gibt es im RESTAURANT VELOCI am Johannisplatz in Chemnitz. Tausende gebrauchter Bände warten in den Regalen auf Lesehungrige und sind auch käuflich – zum kleinen Preis – zu erwerben. Das Ganze ist Teil des nachhaltigen Projektes »Myrebooks«, bei dem Bücher in Boxen gespendet werden können, die über die Stadt verteilt sind.

Teile sind seit 1991 für Interessierte geöffnet, die mit dem Förderkorb in 150 Meter »Teufe« fahren können. Oder sie bestaunen das monumentale Hochofengebläse, das mit seinen neogotischen Formen Steampunk-Flair verströmt.

Andere Preziosen können in der ehemaligen Scheidebank des Abrahamschachtes zutage gefördert werden: Das Gebäude, in dem früher das Erz vom nicht verwertbaren Material getrennt wurde, beherbergt heute »Bücher, nichts als Bücher« – so das Motto, das Inhaberin Iris Schmidt ihrer Wunderkammer verpasst hat. Gut, dass der Natursteinbau so massiv ist! Alle, die Bücher sammeln oder gar in großen Mengen verkaufen, wissen: Wälzer, die sich bis zur Decke stapeln, können tonnenschwer wiegen.

Wer anreist, sollte mit dem Auto kommen oder nach einer Busverbindung Ausschau halten. Der halbstündige Fußweg aus der Freiberger Altstadt verläuft über die Himmelfahrtsgasse. Und die steigt – wie der Name schon sagt – an.

Bücher können tonnenschwer wiegen. Gut, dass das massive Mauerwerk der alten Scheidebank im ehemaligen Freiberger Abrahamschacht so massiv ist.

BIOGRAFIE M

Katharina Fuchs
Andrea Bonetto
Jana Crämer
Sebastian Fitzek
Lilly Lucas
Carsten Lekutat
Nicole Staudinger

YOUR PLACE TO READ

MUSEUM

Tattoos, Tablets und Tierwesen

DAS DEUTSCHE BUCH- UND SCHRIFTMUSEUM, DIE LEIPZIGER BUCHMESSE UND WEITERE BUCHORTE IN LEIPZIG

Von außen sieht es aus wie ein überdimensionaler, liegender Wälzer: das DEUTSCHE BUCH- UND SCHRIFTMUSEUM in einem Erweiterungsbau der Deutschen Nationalbibliothek Leipzig. Im Inneren ist es erst recht ein begehbares Buch, das Geschichten aus 5000 Jahren Medien und Kommunikation erzählt. In der Dauerausstellung »Zeichen – Bücher – Netze: Von der Keilschrift zum Binärcode« wird der Weg von Knotenschnur und Kerbholz bis zu Smartphone und Tablet erfahrbar.

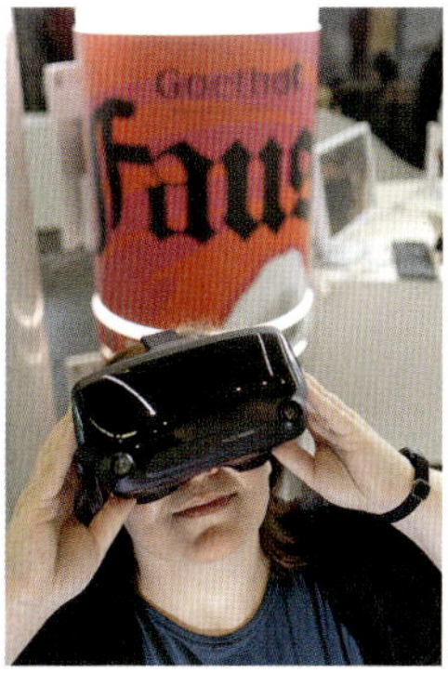

Mit seiner Gründung im Jahr 1884 ist das Museum in jedem Fall das älteste Büchermuseum der Welt. Sein einstmals wertvollstes Exponat, eine *Gutenberg-Bibel*, geriet 1945 als Kriegsbeute nach Russland. Aber von dem, was vor und nach Gutenberg geschrieben und gedruckt wurde, ist Einzigartiges hier versammelt.

Die sogenannte *Elisabeth-Handschrift* entstand um 1481 in Freiburg, ist mit 14 kunstvollen Miniaturen bebildert und erzählt das Leben der heiligen Elisabeth von Thüringen. Mit allen damals bekannten Tierwesen befasst sich die 1563 gedruckte *Historia Animalium* des Arztes und Naturforschers Conrad Gessner, illustriert mit kolorierten Holzschnitten. Nicht alle darin beschriebenen Tiere – beispielsweise Nixen und Einhörner – würde die heutige Wissenschaft noch zur Fauna zählen.

Die Werke des Geoffrey Chaucer sind in der wunderbaren Ausgabe der Londoner Kelmscott Press von 1896 zu sehen. Ihr Drucker, William Morris, ein führender Vertreter der sogenannten Arts-and-Crafts-Bewegung, erhob den Buchdruck, der vom Handwerk zu einer Industrie geworden war, wieder zur Kunst. Unendlich liebevoll mit Text und Farblithografien gestaltete der österreichische Maler, Grafiker und Autor Oskar Kokoschka im

Die Leipziger Buchmesse ist der große Branchentreff im Frühjahr und bietet Buchverliebten maximalen Spaß, interessante Einblicke und spannende Impulse. Sie knüpft an die Zeit vor dem Zweiten Weltkrieg an, als die sächsische Metropole Deutschlands Buchstadt Nummer eins war.

Jahr 1908 sein expressionistisches Kinderbuch *Die träumenden Knaben*.

Aber auch, wo Menschen sonst noch überall Schriftzeichen hinterlassen, zeigt das Museum: auf Spielkarten, Flaschenkorken und als Tattoos sogar auf der Haut. Kreativ kuratierte Wechselausstellungen machen das Museum, das mit freiem Eintritt lockt, zu einem Ziel, dessen Besuch sich immer wieder lohnt.

Vom Ende des 18. Jahrhunderts bis zum Zweiten Weltkrieg galt Leipzig zu Recht als Deutschlands Buchstadt Nummer eins. Alleine im Grafischen Viertel waren Ende des 19. Jahrhunderts rund 2000 Druckereien, Verlage und verwandte Betriebe ansässig. Diese Tradition lebt in der LEIPZIGER BUCHMESSE fort. Jedes Frühjahr zieht das junge, internationale Branchentreffen Scharen von Lesebegeisterten an. Zwischen Verlagsständen und Lesebühnen posieren überall fantasievolle Cosplay-Charaktere für Fotos – die gleichzeitig in den Messehallen stattfindende Veranstaltung »Manga-Comic-Con« macht's möglich. Kostbares und Preiswertes gibt es auf der zugehörigen Antiquariatsmesse. Wie auf der Messe selbst, darf hier eingekauft werden. Und mit »Leipzig liest« findet hier obendrein Europas größtes Lesefest statt.

Das Deutsche Buchhändlerhaus, ein wahrer Neorenaissancetempel mit Türm-

Oben: Das Deutsche Buch- und Schriftmuseum ist das weltweit älteste Museum seiner Art.
Rechts: Bloß nicht den Zug verpassen! Die Buchhandlung Ludwig im ehemaligen Wartesaal des Leipziger Hauptbahnhofes

chen, Kuppeln und Erkern, fiel der Kriegszerstörung zum Opfer. An seiner Stelle eröffnete 1996 das moderne HAUS DES BUCHES, das unter anderem das LITERATURHAUS LEIPZIG beherbergt. Beinahe täglich ist dort Poetisches geboten: mit Lesungen, Diskussionen, Werkstattgesprächen, Vorträgen und vielem mehr.

Die Ritterstraße in der Innenstadt ist Leipzigs Antiquariatsmeile. Hier findet sich zum Beispiel das ANTIQUARIAT AN DER NIKOLAIKIRCHE – ein fantastisches Bücherreich im 1910 erbauten Geschwister-Scholl-Haus. Der Laden, der früher ein Schuhgeschäft war, diente schon als Kulisse für zahlreiche Film- und Fernsehaufnahmen, etwa die Verfilmung von Ingrid Nolls *Kalt ist der Abendhauch* im Jahr 2000.

Ebenfalls in der Ritterstraße befindet sich das seit 1992 bestehende LEIPZIGER ANTIQUARIAT, reich an Rarem und Bibliophilem. Auch die Zweigstelle CENTRAL W33 in Leipzig-Lindenau hält gebrauchte Bücher aller Genres bereit.

BUCHHANDLUNG

Leipzigs Hauptbahnhof gilt nicht nur als der schönste Deutschlands: Er beherbergt im ehemaligen Preußischen Wartesaal auf der Westseite unter einem prächtigen Glasdach eine Filiale der BUCHHANDLUNG LUDWIG mit 15.000 Büchern, dazu Kalendern, Papeterie, Zeitungen und Zeitschriften. Besonders beliebt ist er bei Fans von Eisenbahn-Literatur. Ein Café auf der Empore gehört dazu.

WEITERE

Stadt der schlauen Bücher

DIE FRANCKESCHEN STIFTUNGEN IN HALLE

Die FRANCKESCHEN STIFTUNGEN in Halle sind eine Stadt in der Stadt – ganz im Zeichen der Bildung. Ihren Grundstein legte der Pfarrer und pietistische Gelehrte August Hermann Francke 1698, als er hier, im armen Vorort Glaucha, ein Waisenhaus mit Schule gründete. Nach und nach wuchs ein Komplex mit Schulen, Druckereien, Bibelverlag, Apotheke, Krankenhaus und vielem mehr heran. Noch heute beherbergt das Gelände rund 40 Institutionen, darunter Schulen und Forschungseinrichtungen.

DOMSCHATZ

Im KAISERDOM ZU MERSEBURG wird Geschichte lebendig: Die romanische Kathedrale mit Kreuzgang und Krypta, der Domschatz und das Handschriftengewölbe mit Preziosen aus der berühmten Domstiftsbibliothek faszinieren. Am spannendsten aber sind die Merseburger Zaubersprüche: heidnische althochdeutsche Beschwörungsformeln, aufgeschrieben vor mehr als 1000 Jahren – präsentiert als Faksimile im Zauberspruchgewölbe.

Im ehemaligen Waisenhaus – es trägt die Nummer 1 – erzählt eine historische Ausstellung von Franckes Vorhaben, armen Jungen und Mädchen durch christliche Bildung eine Zukunft zu ermöglichen. Die Wunderkammer im Dachgeschoss dieses Hauses ist ein einzigartiges, komplett erhaltenes Museum aus dem 17. Jahrhundert mit Kuriositäten wie einem tätowierten Fisch oder tamilischen Stachelpantoffeln.

Besonders spannend ist das Haus Nummer 22: Francke ließ es um 1728 eigens für seine immer größer werdende öffentliche Bibliothek errichten. Die bogenförmigen, in Marmoroptik bemalten Holzregale stehen hintereinander wie Theaterkulissen auf dem Parkett. Unter Zigtausenden schmucken Lederbänden findet sich eine *Sauer-Bibel* von 1743 – die erste Heilige Schrift, die in Amerika gedruckt wurde. Auch eine enorme Sammlung indischer Palmblatthandschriften gehört zu den Beständen.

Ob arm oder reich – eine Zukunft haben alle Kinder verdient. Das dachte sich der Pfarrer und Gelehrte August Hermann Francke, als er 1698 in Halle den Grundstock für ein ganzes Stadtviertel im Namen der Bildung legte. Die zugehörige Bibliothek erinnert an eine Theaterkulisse.

AUGUST HERMANN
FRANCKE
ER VERTRAUETE GOTT

ganz
im
Affekt
Franckesche Stiftungen
Jahresprogramm 2022
www.francke-halle.de

ie auf den Herren harren kriegen neue Kraft Jes.
aß sie auffahren mit Flügeln wie Adler 40.3
FRANCKENS STIFTUNGEN

EXLIBRIS von DIETEL

MUSEUM

Botschaften aus den Büchern

DAS EXLIBRIS-MUSEUM AUF SCHLOSS BURGK

Unten fließt verträumt die Saale, oben thront majestätisch Schloss Burgk. In dem Gemäuer können prächtige Rüstungen, goldene Himmelbetten und Wandteppiche sowie ein Instrument des Orgelbauers Gottfried Silbermann besichtigt werden. Buchverliebte erklimmen den Burghügel aber wegen der riesigen EXLIBRIS-SAMMLUNG.

Exlibris, lateinisch für »Aus den Büchern«, sind kleine Druckgrafiken. Besitzerinnen und Besitzer kleben sie vorne in ein Buch, um zu zeigen, wem es gehört – und wem nicht. Nicht alle sind so sarkastisch wie das Exemplar von 1901, auf dem einem Bücherdieb die Hand abgehackt wird. Sonst aber ist die Motivfantasie unendlich: Wappen, Totenköpfe, Pfauen, Segelschiffe, bekleidete und unbekleidete Damen und Herren ...

Eine Blüte erlebten Exlibris im Jugendstil. Schloss Burgk präsentiert die Blätter aus seinem Depot in Themenausstellungen, die etwa dreimal jährlich wechseln. Es gab bereits Schauen mit Fahrrad-Exlibris, Freimaurer-Motiven, Exlibris für Märchenbücher und noch viele mehr. Insgesamt bewahrt das Schloss rekordverdächtige 250.000 Exlibris-Blätter auf. Geschaffen haben sie Künstler wie Max Klinger oder Ephraim Mose Lilien. Manche tragen die Namenszüge von Berühmtheiten wie Stefan Zweig, Else Lasker-Schüler oder Martin Buber. Obendrein besitzt Schloss Burgk eine große Sammlung an Künstlerbüchern, von denen ebenfalls ausgewählte Stücke wechselnd gezeigt werden.

Dieses Buch gehört ... Das romantische Schloss Burgk in Thüringen hütet 250.000 Exlibris-Besitzvermerke. Renommierte Künstler wie Max Klinger haben die schönsten dieser Druckgrafiken geschaffen.

BUCHHANDLUNG

Die JENAER BÜCHERSTUBE direkt neben dem 145 Meter hohen Turm in der Innenstadt von Jena wurde bereits 1927 mit anthroposophischem Schwerpunkt gegründet. Die inhabergeführte Buchhandlung in einem 500-jährigen Gebäude führt ein breites Sortiment schöner Bücher, Kinderbücher sowie Büchergilde-Bände und hat bereits zweimal den Deutschen Buchhandlungspreis erhalten.

Die Klassikerin

DIE HERZOGIN ANNA AMALIA BIBLIOTHEK IN WEIMAR

Uralte Buchseiten schwebten durch den Himmel über Weimar – in einer Septembernacht 2004. Klingt poetisch, doch der Anlass war schrecklich: Die HERZOGIN ANNA AMALIA BIBLIOTHEK, Schatzkästlein des Rokoko sowie wichtigste Sammlung deutscher Literatur zwischen 1750 und 1850, stand in Flammen. Eine defekte Kabelverbindung hinter der Wandverkleidung hatte den Schwelbrand ausgelöst, der als Folge 50.000 wertvolle Bände für immer vernichtete und 62.000 schwer beschädigte. Mehrere Jahre und unzählige Spenden benötigte es, bis ein großer Teil des alten Glanzes wiederhergestellt war. Viele wurden sich erst jetzt dieses unermesslichen Schatzes bewusst.

Begründet wurde die Büchersammlung um 1691. Herzogin Anna Amalia, Regentin über Sachsen-Weimar und Eisenach, ließ ab 1761 ihr Grünes Schlösschen zur heutigen Bibliothek umgestalten. Bald gehörte sie zu den bedeutendsten Buchtempeln Europas: Zu ihren Hütern zählte auch Dichterfürst Johann Wolfgang von Goethe, der die Büchersammlung 35 Jahre lang bis zu seinem Tod 1832 leitete.

Eine Augenweide ist der dreigeschossige Rokokosaal aus Zeiten der Herzogin. Weiß, mit leichtem Blauton, leuchtet er wie ein Frühlingshimmel, in dem zwischen Gemälden und Gelehrtenbüsten 40.000 ehrwürdige Bände schweben. Zur Bibliothek gehört auch der Bücherturm, den Anna Amalias Sohn Carl August ab 1821 in der mittelalterlichen Stadtbefestigung anlegen ließ. Eine hölzerne Wendeltreppe führt durch drei Galerien. Auf der obersten lagert heute die Weimarer Militärbibliothek.

Komplettiert wird die Institution durch das 2005 eröffnete Studienzentrum mit seinem Bücherkubus. Hier können Interessierte die Bestände der Herzogin Anna Amalia Bibliothek benutzen oder ausleihen. Insgesamt umfassen sie mehr als eine Million Bücher.

Der dreigeschossige Rokokosaal ist das imposante Herzstück der Herzogin Anna Amalia Bibliothek in Weimar. Nach einem verheerenden Brand im Jahr 2004 erstand er aus der Asche neu.

Die Kleinstadt Weimar, Gründungsort der ersten deutschen Republik und der Bauhaus-Bewegung, ist vor allem für ihr literarisches Erbe berühmt. Jedes Plätzchen atmet Geschichte, wurde vielleicht sogar in einem Gedicht verewigt. So wie der Ginkgobaum, der gleich gegenüber der Herzogin Anna Amalia Bibliothek hinter der Hochschule für Musik Franz Liszt steht. Goethe selbst soll 1820 seine Pflanzung veranlasst haben. Er verfasste auch ein kleines Gedicht über das zweigeteilte Ginkgoblatt, ohne das heute praktisch kein Weimar-Souvenir auskommt.

Den angrenzenden Park am Flüsschen Ilm gestaltete Goethe mit, der ab 1775 in

---

ANTIQUARIATE

Thüringens Landeshauptstadt Erfurt mit ihrer mittelalterlichen Altstadt, in der sich spannende Läden wie das ANTIQUARIAT HIERANA (bei der Krämerbrücke) und das ANTIQUARIAT AM WAIDSPEICHER (beim Dom) tummeln, ist für ihr jüdisches Erbe berühmt. Bedeutsame hebräische Schriftstücke, darunter ein Faksimile der *Erfurter Bibel*, sind im MUSEUM ALTE SYNAGOGE ausgestellt.

Oben: Goethe und Schiller – Nationaldichter vor dem Deutschen Nationaltheater in Weimar
Rechts: Johann Wolfgang von Goethe liebte es schlicht – zumindest in seinem Arbeitszimmer.

der Residenzstadt wohnte und hier als Staatsminister und Geheimrat wirkte. Der Naturbegeisterte wohnte sogar einige Jahre in einem Gartenhäuschen im Park, das ihm sein Förderer Herzog Carl-August überlassen hatte. Es kann besichtigt werden.

Ein weiterer Höhepunkt im Ilmpark ist das 1904 errichtete STANDBILD WILLIAM SHAKESPEARES. Der Engländer weilte zwar nie in Weimar, aber der Literat Christoph Martin Wieland, Wahl-Weimarer ab 1772, übersetzte dessen Dramen ins Deutsche.

Unter den unzähligen Literaturstätten Weimars sticht das GOETHE-NATIONAL-MUSEUM am Frauenplan heraus. Sein Herzstück ist das Haus, in dem der klassische Dichter fast 50 Jahre lebte. Besucherinnen und Besucher werfen einen Blick in Goethes bewusst schlicht gestaltetes Arbeitszimmer – er wollte sich nicht ablenken lassen – und den schmalen Raum mit seiner 7000-bändigen Privatbibliothek.

Auch Friedrich Schiller wirkte in Weimar. Das Haus, das er von 1802 bis 1804 bewohnte, scheint einfacher als das des Kollegen Goethe. Aus dem SCHILLERHAUS fällt der Blick auf die weiße Fassade von HOFFMANN'S BUCHHANDLUNG mit dem Schriftzug »gegr. 1710«. Tatsächlich hatte Heinrich Siegmund Hoffmann – damals noch an anderem Standort – Weimars ersten und lange einzigen Buchladen gegründet. Wer auf der Suche nach Klassikerausgaben und anderem Lesestoff ist, sollte es auch in der preisgekrönten ECKERMANNSCHEN BUCHHANDLUNG an der Marktstraße probieren. Oder in der EULE am Frauenplan – der Buchhandlung des 1932 gegründeten und 2007 wiederbelebten Weimarer Traditionsverlags Knabe.

MUSEUM

Soziales Netzwerk Version 1750

DAS GLEIMHAUS IN HALBERSTADT

Halberstadt ist nicht nur das »Tor zum Harz« und eine nach Kriegszerstörung liebevoll wiederaufgebaute Kleinstadt. Es ist auch die Heimat der Autorin Sarah Kirsch und des Filmemachers Alexander Kluge. Und die Stadt des Dichters und Sammlers Johann Wilhelm Ludwig Gleim. Der wurde zwar nicht in Halberstadt geboren, wirkte hier aber ab 1747 ganze 50 Jahre lang als Domsekretär. Sein Wohnhaus hinter dem Dom ist seit 1862 Literaturmuseum.

In diesem Palais schrieb der Aufklärer seine viel gelesenen, oft scherzhaften Werke über Wein und Liebe. Heute gibt es dort drei »Bs« zu bestaunen: Bücher, Briefe, Bilder. Der leseverrückte Gleim versammelte mit ungefähr 12.000 Bänden eine der größten Privatbibliotheken des 18. Jahrhunderts. Viele seiner Bücher hatte er mit dem Exlibris »Gleimii et amicorum« (»Für Gleim und Freunde«) gekennzeichnet. Denn Freundschaften bedeuteten dem Junggesellen alles. Vor zweieinhalb Jahrhunderten pflegte er ein echtes soziales Netzwerk mit rund 500 Kontakten, denen er schrieb, deren Handschriften er sammelte und die er sogar porträtieren ließ. Alles, was in Literaturkreisen Rang und Namen hatte, gehörte dazu: Gotthold Ephraim Lessing, Jean Paul, Anna Louisa Karsch, Sophie La Roche und viele mehr. Wer das GLEIMHAUS besucht, wandelt zwischen ihren Porträts in Gleims »Freundschaftstempel« umher. Mit aktuellen Ausstellungen, Veranstaltungen und Preisverleihungen ist das Haus zudem ein lebendiger Literaturort.

Gute Freunde kann niemand trennen: Der Dichter und Sammler Johann Wilhelm Ludwig Gleim schmückte sein Haus in Halberstadt sogar mit Porträts seiner vielen Freunde und Briefpartnerinnen. Das Museum Gleimhaus stellt ihn mit Exponaten und Installationen vor.

ANTIQUARIAT

Ein Muss in der historischen Welterbestadt Quedlinburg ist die BUCHHANDLUNG & ANTIQUARIAT GEBECKE. Das geräumige Antiquariat ist bestückt mit dunklen, hohen Holzregalen zwischen freigelegten Balken. Das seit der Gründung 1881 familiengeführte Geschäft mit breit gefächertem Angebot bietet unter anderem Literatur der Jahrhundertwende um 1900, Jugendstil- und besondere Bücher.

BOOKS
MAKE
ME
HAPPY

Der Norden

Wie finden Buchverliebte die Insel Literaturien? Was faszinierte Casanova an Wolfenbüttel? Warum wandern Bücher von der Müllkippe auf eine Burg? Und welche Bremer Straßenbahnlinie hält in der Winkelgasse? Bücherfunde in Hamburg, Bremen, Lübeck und vielen weiteren Orten in Deutschlands Norden.

BIBLIOTHEK

Ein Raum aus Heines Traum

DIE NIEDERSÄCHSISCHE STAATS- UND UNIVERSITÄTSBIBLIOTHEK GÖTTINGEN

Vom großen »Göttinger Bücherklau« berichteten Zeitungen im Jahr 2011. Aus dem altehrwürdigen Christian-Gottlob-Heyne-Saal der NIEDERSÄCHSISCHEN STAATS- UND UNIVERSITÄTSBIBLIOTHEK waren 157 Bände im Wert von 30.000 Euro spurlos verschwunden. Seitdem ist eine der verwunschensten Bücherschatzkammern Deutschlands für Leserinnen und Leser geschlossen und nur noch mit Führungen zu besichtigen.

Die lohnen sich aber! Nicht nur wegen des historischen Heyne-Saals mit seinen Bücherwägen und 160.000 teils uralten Lederbänden in zwei Etagen. Sondern auch wegen eines anderen Raums des historischen Bibliothekskomplexes am Papendiek: Die 1304 erbaute Paulinerkirche ist ein schneeweißer, mehr als 50 Meter tiefer Raum, in dem unter Spitzbögen kostbare Druckwerke fast unendlich lange Regale füllen. Sie erinnert an das frühere Kloster, in dessen Räumlichkeiten 1737 die Göttinger Universität gegründet wurde. 1812 erhielt die Kirche eine Zwischendecke und wurde zum Büchertempel.

Der Dichter Heinrich Heine studierte von 1820 bis 1825 in Göttingen. Er widmete dieser Bibliothek sogar eine groteske Traumszene in seiner *Harzreise*. Die 2000 sanierte Kirche dient als Raum für Ausstellungen und Veranstaltungen. Insgesamt hütet die Staats- und Universitätsbibliothek neun Millionen Medieneinheiten, die meisten im Zentralgebäude am Platz der Göttinger Sieben. Ihr wohl kostbarster Besitz ist eine 42-zeilige Bibel, gedruckt von Johannes Gutenberg.

Zum Schutz vor Langfingern ist der historische Christian-Gottlob-Heyne-Saal (o.) in Göttingen nur per Führung zugänglich. Von der zugehörigen Paulinerkirchen-Bibliothek (u.) träumte schon Heinrich Heine.

SKULPTUR

Georg Christoph Lichtenberg lehrte von 1775 an der Universität Göttingen Physik, Mathematik und Astronomie. Berühmt wurde der Denker aber vor allem als Verfasser von satirischen Anekdotensammlungen und geistreichen Bonmots. Auf dem Marktplatz vor dem Alten Rathaus steht eine BRONZESTATUE LICHTENBERGS, die ein albanischer Künstler 1992 aus eingeschmolzenen kommunistischen Statuen gefertigt hat.

WEITERE

Gerettete Literatur

DIE BÜCHERBURG KATLENBURG

Die Katlenburg bei Northeim ist Deutschlands Bücherburg. Im 11. Jahrhundert erbaut, war sie im Lauf der Zeit unter anderem Festung, Kloster und Sitz eines landwirtschaftlichen Anwesens. Heute beherbergt die Bücherscheune auf dem Burggelände, die jeden Sonntag von 11 bis 13 Uhr geöffnet ist, rund 50.000 Exemplare. Wer eine Spende für Brot für die Welt dalässt, kann sich in dem Sammelsurium mit Lesestoff eindecken. Zwischen Stapeln von Romanen, Kinderbüchern, Fotobänden, unzähligen *Merian*-Heften und vielem mehr lugen auch Kunstinstallationen zum Thema Buch hervor.

Im ehemaligen Klosterspeisesaal finden Lesungen statt. Spannend ist die Bücherburg aber vor allem als Ort, an dem ab 1991 deutsch-deutsche Geschichte geschrieben wurde. Martin Weskott, damals evangelischer Pastor in Katlenburg, sah in einer Zeitung das Foto einer Müllkippe bei Leipzig, auf der Hunderttausende Bücher verrotten sollten – denn DDR-Literatur wollte nach der Wende niemand haben. Weskott machte sich im VW-Bus auf den Weg, rettete die Bücher teils namhafter Autorinnen und Autoren und lagerte sie in der Burg. »Weitergeben statt wegwerfen« heißt die Devise noch heute für den Mittsiebziger und die 20 Ehrenamtlichen seiner Gesellschaft zur Förderung von Kultur und Literatur. Rund eine Million Bücher haben sie im Lauf der Jahre nicht nur vom Müll, sondern auch aus großen Spenden eingesammelt und meist gleich weitergegeben: an Schulen, Bibliotheken und Universitäten weltweit.

CAFÉ-BUCHHANDLUNG

Hameln ist bekannt als Stadt des sagenhaften Rattenfängers, der hier sogar als Ampelmännchen in Aktion tritt. Im Stadtzentrum lockt die gemütliche BUCHHANDLUNG VON BLUM mit integriertem Café Frida. An fünf Sitzgruppen, deren Deko an die Malerin Frida Kahlo erinnert, können Buchverliebte Kaffee, Kuchen und Snacks genießen und in das Sortiment hineinschmökern.

Hier wird nichts weggeworfen: Was mit einer spektakulären Bücherrettungsaktion des Pastors Martin Weskott begann, ist heute eine echte Attraktion: Die Katlenburg bei Northeim ist Deutschlands Bücherburg. Wer möchte, kann sich in diesem sympathischen Sammelsurium mit Lesestoff eindecken.

BÜCHER
WEITERGEBEN
STATT
WEGWERFEN

KATLENBURG

BIBLIOTHEK

Casanovas große Liebe

DIE HERZOG-AUGUST-BIBLIOTHEK IN WOLFENBÜTTEL

Kaum zu glauben: Giacomo Casanova verbrachte die glücklichste Zeit seines Lebens in Wolfenbüttel. Das schrieb der große Verführer selbst über die acht Tage 1764, als er in der HERZOG-AUGUST-BIBLIOTHEK Handschriften studierte. Mehrere Generationen der Herzöge von Braunschweig-Lüneburg hatten die 1572 begründete Büchersammlung zu einer Institution mit Weltruhm gemacht. Der Philosoph Gottfried Wilhelm Leibniz und der Dichter der Aufklärung, Gotthold Ephraim Lessing, wirkten zeitweise als Bibliothekare hier. 1710 erhielt die BIBLIOTHECA AUGUSTA, wie sie auch genannt wird, als erste Bücherei überhaupt, die nicht zu einer Universität oder einem Kloster gehörte, ihr eigenes Gebäude. Dieser Rotundenbau mit Kuppel diente als Vorbild für Bibliotheken weltweit – etwa die Library of Congress in Washington. 1887 wurde sie abgelöst vom heutigen Hauptgebäude im Stil eines florentinischen Palazzo. Darin finden sich historische Räume wie die Augusteerhalle mit Zigtausenden Bänden an gigantischen Bücherwänden, die Schatzkammer mit Prachthandschriften wie dem *Evangeliar Heinrichs des Löwen* von 1188 oder die Nachbildung eines ausgeklügelten Bücherrades – eines drehbaren Regals für aufgeschlagene Bände. Während einige historische Räume in den kommenden Jahren wegen Sanierung gesperrt sein werden, kann ein großer Teil von einer Million Medieneinheiten, darunter 12.000 Handschriften und 400.000 alte Drucke vor 1830, genutzt werden wie zu Casanovas Zeiten.

Die Augusteerhalle mit ihrer monumentalen Bücherwand gehört zu den Prachträumen der bereits im 16. Jahrhundert gegründeten Herzog-August-Bibliothek in Wolfenbüttel.

BUCHHANDLUNG

Der unabhängige LESERATTE BUCHLADEN im östlichen Ringgebiet von Braunschweig verkauft neue sowie antiquarische Bücher. Schnäppchen gibt es hier schon ab einem Euro, viele aktuellere Titel kosten die Hälfte des Neupreises. Aber auch bibliophile Schätze stehen in den hellen Regalen der 1993 gegründeten und 2023 mit neuem Konzept fortgeführten LESERATTE.

Fantastische Romane

… UND WO SIE ZU ERLEBEN SIND

Durch London streifen die Harry-Potter-Fans, während sich in der spanischen Mancha die Windmühlen drehen, gegen die der traurige Ritter Don Quijote gekämpft hat. Aber auch in Deutschland kann man sich auf Bücher-Spurensuche begeben!

Hans Jakob Christoffel von Grimmelshausen lässt den Helden in seinem Buch von 1668, ***Der abenteuerliche Simplicissimus***, durch ganz Europa streifen. Im Spessart wächst er auf, in Soest wird er zum draufgängerischen Jäger, in Paris Opernsänger, und durch den Mummelsee im Schwarzwald (u.) taucht er sogar in ein Unterwasserreich ab.

Im Gasthaus Auerbachs Keller (r.) in der Leipziger Mädler-Passage vergnügten sich Johann Wolfgang von Goethes ***Faust*** und Mephisto. Der historische Magier Faust soll in Knittlingen geboren und im Hotel Löwen in Staufen im Breisgau auf mysteriöse Art gestorben sein. Das Hotel gibt es noch, das Zimmer 5 trägt die Aufschrift »Dr. Faust«.

Wer es dem Antihelden in Christian Krachts modernem Schelmenroman ***Faserland*** von 1995 gleichtun will, schlürft Champagner am Sylter Strand Buhne 16 (l.), fährt die Hamburger Elbchaussee entlang, wo alles »barbourgrün« ist, stürzt in Szenekneipen und auf Partys in Frankfurt, Heidelberg (dort: die »Max Bar«), München und Meersburg am Bodensee ab und sucht schließlich vergeblich Thomas Manns Grab bei Zürich.

Der Roadtrip im geklauten Lada führt zwei Jugendliche in Wolfgang Herrndorfs ***Tschick*** (2010) von Berlin-Hellersdorf (r.) ziellos Richtung »Walachei« in den deutschen Osten. Die Verfilmung von 2016 zeigt die Konditorei Engel an der Marzahner Promenade, den Stausee in Thale (Harz) und – als trostlose Einöde dargestellt – den Felixsee bei Cottbus.

WEITERE

Literaturien in Sicht!

DAS GUTSHOTEL IN GROSS BREESEN

Literaturien, die Insel für Buchverliebte, liegt in Groß Breesen zwischen Rostock, Schwerin und der Mecklenburgischen Seenplatte. »Wer durch das Wäldchen fährt, das uns von der Außenwelt trennt, fühlt sich wie auf einer Insel«, schwärmt Maxi Thomas. Die Mittzwanzigerin ist hier aufgewachsen und kümmert sich um Literaturiens Herzstück: das Gutshotel, das ihre Mutter Conny Brock 1998 als erstes Bücherhotel Deutschlands gegründet hat.

Fünf Gebäude voll mit Lesestoff gehören zum ehemaligen Gutshof. In zweien davon befinden sich die Zimmer für die Gäste, von denen viele immer wieder kommen. »Wir sind ein Zuhause auf Zeit, für die Gäste wie für die Bücher«, erzählt Maxi Thomas. Die Idee: Wer übernachtet, bringt ein Buch mit und darf sich dafür eines oder zwei mit nach Hause nehmen.

Alleine für die Bücherscheune sollten Leseratten einige Stunden einplanen. Mehr als 250.000 gebrauchte Bände warten hier auf ihre Entdeckung. Heimelige Plätzchen zum Schmökern gibt es en masse in Literaturien: »Singendes, klingendes Räumchen« heißt ein Zimmer mit Märchenbüchern und einer Jukebox aus den Fünfzigerjahren. Wer sich in die »Die Schatzinsel« zurückzieht, findet zwischen den Regalen einer aufgegebenen Bützower Buchhandlung Literatur zum Thema Glück. »Lädi L« heißt Literaturiens Lädchen für Geschenke, Schreibwaren und mehr. Es bietet auch Platz für Schreibkurse und Workshops. Ach ja, gespeist wird in Literaturien unterirdisch: im historischen Kellergewölbe.

MUSEUM

Im Dörfchen Carwitz bei Feldberg in der mecklenburgischen Seenplatte lebte Hans Fallada, Autor von Romanen wie *Kleiner Mann – was nun* und *Wer einmal aus dem Blechnapf frisst*, von 1933 bis 1944. Das alte Bauernhaus am See ist heute ein umfangreiches HANS-FALLADA-MUSEUM, in dem vieles aus den Büchern des sozialkritischen und ruhelosen Schriftstellers wiederzuentdecken ist.

Im mecklenburgischen Groß Breesen wurde 1998 Deutschlands erstes Bücherhotel gegründet. Mittlerweile ist das ehemalige Landgut zu Literaturien, der Insel für Buchverliebte, angewachsen (o. und ganz r.). Bitte recht grimmig: Romancier Hans Fallada vor dem Museum an seinem vorletzten Wohnort Carwitz (r.)

Handbuch der Mikroskopie

zum Gewölbe und Toiletten
Bibliothek
Rezeption

INDIEN SUPER POWER
ZU GANG VER WEHRT
UNSERE ASIATISCHE ZUKUNFT
ANGST
DEUTSCH
RACHE

MUSEUM

Schlafloser Geist am Meer

DAS GERHART-HAUPTMANN-HAUS AUF HIDDENSEE

Hiddensee ist »das geistigste aller deutschen Seebäder«, sagte Gerhart Hauptmann 1935. Und der musste es wissen. Der naturalistische Dramatiker und Literaturnobelpreisträger verbrachte viele seiner Sommer auf der Ostseeinsel. 1885 besuchte er Hiddensee erstmals. Nur wenige Jahre vorher hatte ihm sein Sozialdrama *Die Weber* den Durchbruch beschert. Ungeschönt fühlte er den Menschen und der Gesellschaft auf den Zahn: egal, ob es um arme Weber ging, zerrüttete Familien, Verbrechen oder Betrügereien.

1929 kaufte er auf Hiddensee das Haus Seedorn, baute es aus und wohnte während der Sommermonate mit seiner zweiten Frau Margarete hier. Als Hauptmann 1946 mit 83 Jahren starb, wurde der Leichnam im Sonderzug Richtung Hiddensee gebracht und auf dem Inselfriedhof bestattet. Im GERHART-HAUPTMANN-HAUS sind mehrere Räume so erhalten, wie sie der Autor bewohnt hat, etwa die Sommerbibliothek, der Weinkeller oder der Kreuzgang, in dem Hauptmann beim Arbeiten auf- und abschritt. Sein schlafloses Gekritzel an der Wand über dem Bett – so hielt er seine Gedanken fest – ist genauso zu bewundern wie die Nobelpreisurkunde von 1912.

Die Ausstellung widmet sich aber noch mehr großen Geistern, für die Hiddensee ein Sehnsuchtsort war: Schriftstellerinnen wie Elke Lasker-Schüler und Mascha Kaleko, die Literatenfamilie Mann und Sigmund Freud verschlug es auf die nur 17 Kilometer lange Insel. Das Museum mit Café, Weinausschank und Buchhandlung ist zudem ein Ort für Lesungen und Konzerte.

Viele Sommer verbrachte der Literaturnobelpreisträger Gerhart Hauptmann in seinem Häuschen auf Hiddensee. Heute ist das Dichterdomizil ein Museum mit Café, Weinausschank und Buchhandlung.
Im Museumscafé (u. r.) in Gingst auf Rügen ist Schmökern und Genießen angesagt.

ANTIQUARIATE

Das Museumscafé bei den Handwerkerstuben in Gingst auf Rügen beherbert das Antiquariat DER BUCHLADEN: In der 200-jährigen Scheune ist Bücherstöbern bei einer Tasse Tee angesagt. Und in der Altstadt der Hansestadt Stralsund lohnt das zweistöckige ABC-ANTIQUARIAT in der Badenstraße – zwischen Rathaus und Hafen – einen Besuch.

Labyrinth und Bücherschlafsaal

DIE BIBLIOTHEK DER HANSESTADT LÜBECK

Wer am ersten Mittwoch eines Monats in Lübeck weilt, eilt am besten gleich in die Hundestraße. Hier, auf der historischen Altstadtinsel, finden Buchverliebte die zentralen fünf Gebäude der Stadtbibliothek.

Offiziell heißt sie BIBLIOTHEK DER HANSESTADT LÜBECK und wurde zu Beginn des 17. Jahrhunderts als öffentliche Anlaufstelle für Lesekundige gegründet. Viele schmucke Säle, die zum Teil älter sind als die Bibliothek selbst, sind nur bei den kostenlosen »Mittwochsführungen« zugänglich – der Scharbausaal beispielsweise. Er erinnert an den Theologen Hinrich Scharbau, welcher um 1759 der Bibliothek 6000 Bände spendierte, und war ursprünglich ein Schlafsaal. Hier und im benachbarten Konsistorialsaal nächtigten die Mönche des mittelalterlichen Franziskanerklosters. Blickfänge sind ein großer Himmelsglobus von 1616 und ein Erdglobus von 1622 vor kunstreich geschnitzten Regalen, in denen Folianten teils noch aus der Klosterzeit lagern. Jünger, aber ebenso mondän ist der angrenzende Mantelsaal von 1877. Eine weitere altehrwürdige Bücherkammer ist der Vorraum der Katharinenkirche.

Andere Bibliotheksteile sind frei zugänglich. Im Willy-Pieth-Lesesaal herrscht wie seit der Eröffnung 1926 konzentrierte Ruhe. Und dann gibt es noch mindestens zwölf Treppenhäuser und zahlreiche Geheimgänge: Sie machen den Bibliothekskomplex zu einem wahren Labyrinth, sind allerdings meist nur Beschäftigten zugänglich. Und selbst sie, so heißt es, verirren sich mitunter.

MUSEUM

Der Lübecker Thomas Mann erhielt 1929 den Literaturnobelpreis für seinen Roman *Buddenbrooks* über den Verfall einer großbürgerlichen Familie. Das Haus, in dem Manns Großmutter bis 1890 lebte, diente ihm als Vorbild für das Buddenbrook-Domizil. Weil dieses BUDDENBROOKHAUS derzeit saniert wird, ist die literarische Ausstellung bis zum – noch nicht bekannten – Neueröffnungstermin im STADTPALAIS BEHNHAUS untergebracht.

Historische Globen, Büchertreppen, kunstvoll geschnitzte Regale, Geheimtüren und Treppenhäuser: Der Scharbausaal der Lübecker Stadtbibliothek lohnt definitiv einen Besuch.

ANNO

K B W
116

B

BIBLIOTHEK

Tor zur Bücherwelt

DAS WARBURG-HAUS UND WEITERE BIBLIOPHILE ENTDECKUNGEN IN HAMBURG

Aby Warburg, das älteste von sieben Kindern einer jüdischen Hamburger Bankiersfamilie, soll um 1879 als 13-Jähriger zu seinem Bruder gesagt haben: Du darfst die Bank erben, Max, wenn du mir dafür jedes Buch kaufst, das ich will. Genau so wurde es gemacht. Allerdings geriet der Deal für den Bankinhaber Max teurer als gedacht, denn Aby Warburg wurde nicht nur ein bedeutender Kulturwissenschaftler, der den Einfluss der Antike auf die Neuzeit erforschte, sondern auch ein besessener Büchersammler. Die von ihm begründete KULTURWISSENSCHAFTLICHE BIBLIOTHEK WARBURG war eine öffentliche Anlaufstelle von internationalem Rang. Warburg selbst hatte sie bis 1925 neben seinem Wohnhaus in Hamburg-Eppendorf erbauen lassen. Er stattete sie mit neuester Technik – Bücheraufzug, Rohrpost und 27 Telefonen – aus. Den Lesesaal ließ er elliptisch anlegen, inspiriert von den Planetenbahnen.

Als Warburg 1929 starb, war die Sammlung auf 60.000 Bände angewachsen. Nach der Machtergreifung der Nazis 1933 traten die Bücher, in 531 Kisten verpackt, per Schiff die Flucht nach London an. Dort sind sie bis heute Teil der nunmehr 300.000-bändigen Sammlung des WARBURG INSTITUTE.

Das Hamburger Gebäude diente nach dem Krieg verschiedensten Zwecken – etwa als Produktionsort der ersten *Tagesschau*-Sendung –, bis es vor allem der Kulturwissenschaftler Martin Warnke (1937–2019) wiederbelebte. Im Geiste Warburgs ließ er einen »Bildindex Politische Ikonografie« anlegen. Im mittlerweile renovierten Lesesaal steht nun wissenschaftliche Literatur verschiedenster Disziplinen, und die Bibliothek hält mit fast täglich stattfindenden Filmvorführungen, Vorträgen, Diskussionen und Lesungen den Geist von Warburgs kulturwissenschaftlicher Arbeit hoch.

Eleganz pur strahlt die Buch- und Kunsthandlung FELIX JUD & CO. in der Mellin-Passage am Neuen Wall aus. 1923 eröffnete sie der engagierte Buchhändler Felix Jud (1899–1985), der während der

Die wohl berühmteste elliptische Bibliothek der Welt liegt in Hamburg-Eppendorf: Sie ist in den Räumen eingerichtet, die bis 1933 die Büchersammlung des Kulturwissenschaftlers Aby Warburg beherbergten.

NS-Zeit für seine Unterstützung der Widerstandsbewegung »Weiße Rose« zeitweise im KZ saß. Heute gibt es auf vier Etagen Bildbände, Bibliophiles, Künstlerbücher, Philosophie und Literatur – und dazu ein eigenes Regal mit Büchern über Bücher. Der Antiquariatsbereich ist als Wunderkammer mit Fundstücken aus aller Welt eingerichtet: Hier prangen zwischen kostbaren Lederbänden ein Schmetterlings-Diorama, eine verzierte Meeresschnecke, aber auch das Originalmanuskript von Thomas Manns im Exil verfasster *Botschaft an das deutsche Volk*. Das Team von Felix Jud stattete schon Luxushotels und Expeditionsschiffe mit Bibliotheken aus. Berühmtester Stammkunde, der den säulengerahmten Ladeneingang passierte, war der in Hamburg geborene und 2019 verstorbene Modezar und Buchenthusiast Karl Lagerfeld. Er nannte Felix Jud sein »intellektuelles Delikatessengeschäft«.

Hamburg ist das Tor zur Welt. Passend dazu ankert am Alstertor mit DR. GÖTZE LAND & KARTE Deutschlands größte Reisebuchhandlung. Hier gibt es Tipps für Trips in ferne Gestade, Routen für Radtouren, nautische Nachhilfe, antiquarische Atlanten

Oben: Museum für edles Schreibgerät aus Hamburg – das MONTBLANC HAUS präsentiert die weltbekannten Füller.
Rechts: Die Buch- und Kunsthandlung Felix Jud bestrickt mit hanseatischer Eleganz.

und bis zu 500 Jahre alte Land- und Seekarten, die regelmäßig in thematischen Verkaufsausstellungen präsentiert werden.

Für ein echtes Shoppingerlebnis sorgt die Buchhandlung STORIES! am Straßenbahnring: Hier stehen die Bücher nicht Rücken an Rücken im Regal, sondern werden mit den Covern nach vorne ausladend in Rahmen präsentiert.

In der Altonaer Hospitalstraße haben zwei Freundinnen 2023 das maximal behagliche Büchercafé KAPITEL DREI eröffnet. In dem mit Vintage-Möbeln ausgestatteten Eckladen servieren die beiden zum ausgesuchten Lesestoff Sandwiches, Kuchen, Croissants und Kaffee.

Ein Geheimtipp, der Spaß macht, ist Achim Wittrins KLEINE LETTERNPRESSE in der Ludolfstraße. Der langjährige Inhaber einer Druckerei für kreative Hochzeitskarten hütet in seinem Lädchen hand- und fußbetriebene Druckmaschinen, mit denen er in Lettertechnik Plakate, Mützen, Magnetkarten und vieles mehr mit kreativen Hamburgmotiven bedruckt. In »Wörgschops« gibt er seine Kunst weiter.

MUSEUM

Ein Edelfüller der Hamburger Firma Montblanc spielt nicht nur in Carlos Ruiz Zafóns Bibliophilenroman *Der Schatten des Windes* eine Hauptrolle. Dem liebsten Schreibgerät vieler Kreativer widmet sich das MONTBLANC HAUS am Firmensitz in Altona. Das multimediale Museum erzählt die Geschichte des 1906 gegründeten Unternehmens, zeigt originale handschriftliche Texte von Promis wie Ernest Hemingway oder Frida Kahlo und präsentiert kostbarste Schreibgeräte in Vitrinen.

Bücherstube am Fleth
Bücher Bilder & Café
Bücher
Bilder
Café
Café
Bilder
Bücher

EINKAUF

Anhalten und Tee trinken

DIE BUCHHANDLUNG FRIEDRICH SCHAUMBURG IN STADE

Die BUCHHANDLUNG FRIEDRICH SCHAUMBURG gehört zu den seltenen Juwelen, die Bibliophile auf Reisen entdecken: Bereits 1840 gegründet, wurde sie in den vergangenen Jahren mit Buchhandelspreisen und Auszeichnungen geradezu überhäuft. Das ZDF wählte sie aus, um hier die Serie *Neuland* zu drehen. Wer das Fachwerkhaus betritt, weiß, warum diese Bücherwelt alle bezaubert: Der Duft von 25.000 Bänden liegt über dem Originalmobiliar aus der Gründungszeit – Regale mit gedrechselten Säulen und einer eingelassenen Uhr, Lesepulte, edle Glastüren. Licht fällt von oben durch zwei Kuppeln in die Räume.

Samstags dampft für Gäste die hauseigene Teemischung im Samowar. »Wir sind selbst Teetrinker«, sagt Heide Koller-Duwe lächelnd. Mit ihrem Mann Sebastian Duwe führt sie seit 1994 den Laden: In diesem Haus wuchs sie auf – schon ihr Großvater bot hier Bücher feil. Zum Verlieben ist die Buchhandlung wegen ihres schöngeistigen Sortiments. Heide Koller-Duwe achtet auf das Besondere: kleine Verlage, Bibliophiles, ausgesuchte Biografien, schöne Kinderbücher. Wechselausstellungen, die in das Mobiliar eines früheren Tabakladens integriert sind, beschäftigen sich mit Buchkunst in allen Facetten. Bei rund 20 Veranstaltungen jährlich geben sich Büchermenschen wie der Fabulierkünstler Rafik Schami, die Erzählerin Milena Michiko Flašar, aber auch Verlegerinnen, Kritiker oder Bibliothekarinnen die verschnörkelte Klinke in die Hand.

Oben: Originale Möbelstücke von 1840, aber topaktueller Lesestoff machen die Buchhandlung Friedrich Schaumburg in Stade aus.
Unten: Tipp in Glückstadt – die Bücherstube am Fleth

BUCHHANDLUNG

In Glückstadt an der Elbe lohnt sich ein Bummel am Fleth – dem Kanal, der sich wie eine Amsterdamer Gracht durch die schmucke Altstadt zieht. Seit 1982 führt Renate Meyer hier die BÜCHERSTUBE AM FLETH, ein heimeliges Bücherreich auf 100 Quadratmetern – mit kleiner Ausstellungsgalerie und einem Lesegärtchen, in dem zwischen Rosenbüschen und Skulpturen Kaffee, Tee und Kuchen genossen werden können.

ANTIQUARIAT

Kurs auf Kindheitserinnerung

DAS HUSUMER ANTIQUARIAT

»Der Nebel drückt die Dächer schwer, | Und durch die Stille braust das Meer.« – Theodor Storm hat seine Heimat Husum als graue Stadt an der Nordsee berühmt gemacht. Aber so grau ist es hier gar nicht: Der verträumte Binnenhafen strahlt sogar manchmal kunterbunt in der Sonne. Nur wenige Meter trennen ihn vom Haus in der Wasserreihe, das der Dichter 1866 bis 1880 bewohnte. Und vom HUSUMER ANTIQUARIAT gegenüber.

Wer hier hereingespült wird, findet in langen, engen Gängen auf 70 Quadratmetern faszinierende Bücher. Es gibt viel Antiquarisches, ausgewähltes Neues, Schöngeistiges, Wertvolles von Fritz Reuter und natürlich Storm, aber auch Literatur für wenig Geld. Alles, was Antiquarin Linda Streblow selbst gefällt – und sie liebt schöne Bücher leidenschaftlich.

Um die bibliophilen Schätze herum hat sie ein Feenreich geschaffen. Hier gibt es Spieluhren, Kaleidoskope, Reklameschilder, Glanzbildchen, nostalgische Streichholzschachteln, 120 verschiedene Buchbinderpapiere aus Italien ... »Wie eine Reise in die Kindheit«, sagen manche. Streblow verzichtet auf Internethandel. Dafür nimmt sie sich Zeit und kann hervorragend Geschichten erzählen. Zum Beispiel über die englischen Kapitänsbilder, Ölfarbendrucke stolzer Schiffe unter vollen Segeln, deren Vorlagen nicht immer ganz stilsicher geraten sind. »Da ging der Kapitän im Hafen zu einem zweitklassigen Maler und sagte: ›Mal mi mol dat Schipp!‹« Miss Marple, die weiße Antiquariatskatze, nickt zustimmend. Oder?

MUSEUM

Das STORM-HAUS in Husum gewährt einen Einblick in Theodor Storms Lebenswelt mit Exponaten wie dessen Hammerklavier. Dauerausstellungen widmen sich seinem Werk und Werdegang sowie der tragischen Novelle *Der Schimmelreiter*. Auf dem Deich bei Hattstedtermarsch werden außerdem literarische Führungen auf den Spuren des Schimmelreiters angeboten.

Das Husumer Antiquariat (o.) ist ein faszinierendes Feenreich, das viele Besucher an ihre Kindheit erinnert. Schräg gegenüber lebte einst der Poet Theodor Storm (u.).

Blechpostkarten

STORM

JOACHIM RINGELNATZ MUSEUM
Südersteinstraße 44
Museu
RINGELNATZ

MUSEUM

Hintersinniger Comedian

DAS JOACHIM-RINGELNATZ-MUSEUM IN CUXHAVEN

Ganze 35 Berufe hat Joachim Ringelnatz in seinem Leben ausgeübt: Buchhalter zum Beispiel, Bibliothekar, Gartenbaugehilfe, Schlangenträger auf dem Jahrmarkt, aber auch Seemann, Bänkelsänger, Dichter. Das JOACHIM-RINGELNATZ-MUSEUM in Cuxhaven erzählt mit vielen Fundstücken von dem verspielten poetischen Genie. Ein Foto zeigt den Schüler Hans Bötticher – den Künstlernamen Ringelnatz legte er sich erst mit Mitte 30 zu – aus Wurzen bei Leipzig. Der »Schulrüpel ersten Ranges«, so ein Zeugnis, flog mit 13 Jahren vom Gymnasium und heuerte 17-jährig auf einem Schiff an. Als Marineoffizier im Ersten Weltkrieg war Bötticher später in Cuxhaven stationiert.

Ansehen erwarb er sich als Maler: Im Museum ist unter anderem sein düsteres Bildnis eines Rettungsbootes im Unwetter zu sehen. Ungleich erfolgreicher aber war der Wandlungsfähige als Bänkelsänger und Vortragskünstler seiner eigenen Texte.

Als »Nasenkönig« verspottete sich Joachim Ringelnatz selbst. Ein Museum in Cuxhaven widmet sich dem literarischen Tausendsassa, Vortragskünstler, Sänger und Seemann.

Eine seltene Filmaufnahme von 1933 zeigt Ringelnatz in der Rolle des berühmten Kuttel Daddeldu. Ein Band mit Gedichten um diesen raubeinigen Seemann ist als handkolorierte Erstausgabe von 1920 präsentiert. Ringelnatz' hintersinnige, oft bissige, manchmal nonsenshafte Gedichte um australienreisende Ameisen oder einen Bumerang, der nie zurückkehrt, begeisterten – aber nicht alle. Einige seiner anarchischen Kinderbücher wurden gar für Minderjährige verboten. 1933 erteilten die Nazis Ringelnatz Auftrittsverbot. Verarmt starb er nur ein Jahr später an Tuberkulose.

BUCHHANDLUNG

Die ALTSTADT-BUCHHANDLUNG in einem Fachwerkbau mit Garten am Flüsschen Medem ist kultureller Anlaufpunkt in Otterndorf. Neben einem individuellen Sortiment schöner, kunstsinniger und informativer Literatur führt Buchhändlerin Susann Rennebeck eine Galerie mit Veranstaltungen. In der ersten Etage würdigt ein Literaturmuseum den Homer-Übersetzer Johann Heinrich Voß, der hier von 1778 bis 1782 lebte.

Fantastische Bücherschätze

... UND WOFÜR SIE ZU HABEN SIND

Natürlich kann auch ein zerlesenes Taschenbuch kostbar sein, das an einen besonderen Menschen erinnert. Hier geht es aber um Bücher, die richtig viel Geld wert sind.

Alte Handschriften sind unersetzliche **Unikate**: Das *Evangeliar Heinrichs des Löwen* (u.) aus dem 12. Jahrhundert etwa ging 1983 für fast 33 Millionen D-Mark an die HERZOG-AUGUST-BIBLIOTHEK WOLFENBÜTTEL. Oder das *Nibelungenlied* (r.): Es existiert in elf kompletten mittelalterlichen Handschriften. Eine davon wurde 2001 für knapp 20 Millionen D-Mark für die BADISCHE LANDESBIBLIOTHEK KARLSRUHE gekauft.

Die 42-zeilige *Gutenberg-Bibel* (S. 124), gefertigt ab 1452 vom Erfinder des Buchdrucks, existiert insgesamt 49 Mal in Museen und Bibliotheken, allerdings nicht immer vollständig. 1987 zahlte ein Bieter für den Teil mit dem Alten Testament rund fünf Millionen Dollar.

Ein opulentes Beispiel ist das Pflanzenbuch *Hortus Eystettensis* (rechte Seite o.) aus dem

Jahr 1613. Es dokumentiert den Botanischen Garten des Fürstbischofs von Eichstätt auf 367 kolorierten Kupferstichen.

Auch **Erstausgaben** sind gesucht: Rekordpreise erzielen etwa Goethes Prachtwerk *Das Römische Carneval* (r. u.) von 1789 oder

Schillers 1781 anonym im Selbstverlag publiziertes Drama *Die Räuber* (u.). 235 Exemplare sind erhalten von Shakespeares *First Folio* (l. u.), der ersten Gesamtausgabe seiner Stücke von 1623. Eines davon kam 2020 für 9,8 Millionen Dollar unter den Hammer.

The Tales of Beedle the Bard fertige Harry-Potter-Autorin Joanne K. Rowling handschriftlich in sieben Exemplaren an, von denen sie sechs verschenkte. Das siebte brachte bei einer Benefizauktion rund 2,5 Millionen Euro.

BIBLIOTHEK

Nicht nur, wenn's prasselt und heult

DAS CONVERSATIONSHAUS AUF NORDERNEY

Als Heinrich Heine 1826 auf der Insel Norderney weilte, beschrieb er die Nordsee bei Sturm: »Es braust und pfeift und prasselt und heult, | Wie ein Tollhaus von Tönen!« Wer heute so ein Wetter erlebt, zieht sich am besten gleich ins CONVERSATIONSHAUS am Kurplatz zurück. In dem strahlendweißen Säulenbauwerk, auf dessen Türmchen die schwarz-weiß-blaue Inselflagge weht, wartet nämlich eine behagliche Bibliothek.

Schwere schwarze Ledersessel, meterhohe Rundbogenfenster, Fischgrätparkett, Regale aus dunklem Holz, eine Treppe, die zu einer Bücherempore hinaufgeleitet: »Wie auf einem Luxusliner von früher«, empfindet es ein Eintrag im Online-Gästebuch. Einheimische und Gäste können die Büchersammlung nutzen und finden dort nicht nur Heinrich Heines Gedicht *Sturm* in voller Länge, sondern Lesestoff zu allen Themengebieten.

Im Kaminzimmer nebenan liegen Tablets zum Lesen von Zeitungen und Zeitschriften bereit. Eine Gastronomie, die eine Hälfte der Orangerie mit ihrem Glasdach, die Salonbar sowie die Terrasse auf den Kurplatz hinaus nutzt, dazu stilvolle Veranstaltungssäle, die Touristinformation und ein Laden mit Inselsouvenirs vervollständigen das Ensemble. Das im Laufe des 19. Jahrhunderts entstandene CONVERSATIONSHAUS war lange Zeit Mittelpunkt des gesellschaftlichen Lebens auf der Insel. Seit seiner originalgetreuen Sanierung von 2007 bis 2008 ist es wieder ein perfekter Rückzugsort und Anlaufpunkt – nicht nur bei miesem Wetter.

AUSFLUGSTIPP

Walter Moers' Fantasyroman *Die Insel der tausend Leuchttürme* spielt zwar auf der fiktiven Insel Eydernorn, aber einen sehenswerten, im Sommer besteigbaren Leuchtturm gibt es auch auf Norderney. Vom CONVERSATIONSHAUS am besten ein Rad an einer der zahlreichen Verleihstationen besorgen – oder den Bus nehmen. Der Fußweg dauert einfach anderthalb Stunden.

Das im 19. Jahrhundert erbaute Conversationshaus auf Norderney beherbergt eine stilvolle Bibliothek. Der Leuchtturm gehört zu den bekanntesten Sehenswürdigkeiten der Nordseeinsel.

Männer
Spannung
Spannung
Spannung

CONVERSATIONSHAUS

KRIMIMUSEUM
EINE REISE IN DIE LITERARISCHE UNTERWELT

MUSEUM

Mord verjährt nicht

DAS KRIMIMUSEUM IN JEVER

Gemordet wurde schon immer. Doch seit wann eigentlich fesseln Geschichten darüber die Leserinnen und Leser? Waren schon die Moritaten des Mittelalters Krimis? Die Räuberpistolen der Barockzeit? Romantische Schauerromane? Oder erst Edgar Allan Poes Erzählungen um den Detektiv Auguste Dupin? Fragen, über die sich mit Mirko Schädel herrlich fachsimpeln lässt. Der leidenschaftliche Büchersammler und Gründer des KRIMIMUSEUMS JEVER hat nichts von einem wortkargen Friesen. Im Gegenteil: Ein Besuch im Museum am Kirchplatz ist stets mit einer Führung verbunden: »Und da labere ich bis zur Erschöpfung«, lacht er.

Also hinein in »die literarische Unterwelt«, wie der Schriftzug über dem Schaufenster verheißt. 9000 deutschsprachige Krimis vom 18. Jahrhundert bis 1945 sind versammelt: laut Schädel »drei Viertel von allem, was erschienen ist«. Das Interessanteste ist in Schaukästen, zwischen Kinoplakaten und Devotionalien aufgereiht. Groschenhefte über die Denkwürdigkeiten einer Londoner Geheimpolizistin sind ebenso dabei wie die achtbändige 1747er-Lederausgabe mit wahren Kriminalfällen, die der Franzose François Gayot de Pitaval veröffentlichte und damit das Genre des True Crime begründete. Oder *Der Mondstein* von Wilkie Collins, für Schädel »der bedeutendste Kriminalroman des 19. Jahrhunderts«. Vergessene Krimis, die er spannend oder kulturhistorisch bedeutsam findet, gibt der Sammler in seiner Reihe »Krimimuseum Publisher« neu heraus.

BIBLIOTHEK

Die sehenswerte JOHANNES A LASCO BIBLIOTHEK in Emden ist nach einem Reformator benannt, der hier im 16. Jahrhundert Zuflucht vor Verfolgung fand. Die öffentlich zugängliche Büchersammlung, eine wichtige evangelisch-theologische Spezialbibliothek, ist in den Ruinen der im Zweiten Weltkrieg zerstörten und teils modern wieder aufgebauten Großen Kirche zu finden.

Oben: Eine einzigartige Sammlung historischer Detektivromane ist im Krimimuseum Jever zu bestaunen. Unten: Die Johannes a Lasco Bibliothek in Emden residiert in einer wiederaufgebauten Kirche.

DAS HAUS DER BÜCHER

DIE GOTIK
GRAPHIK

ANTIQUARIAT

Nächste Station: Winkelgasse

DAS HAUS DER BÜCHER IN BREMEN

Insgesamt 150.000 Bücher in einem Labyrinth auf dreieinhalb Etagen: Das ist das HAUS DER BÜCHER in Bremen-Horn, Norddeutschlands größtes Antiquariat. Wer alle Bände aneinandergereiht abschreiten will, muss 8,4 Kilometer bewältigen: »Von hier aus bis in den Nachbarort Lilienthal«, lacht Maike de Haan, die den Laden mit ihrem Mann Rainer seit 2010 führt. Hier aber bevölkern die Bücher Regale bis zur Decke, rahmen Türen ein, verbergen Lichtschalter und versammeln sich im ehemaligen Badezimmer, wo die Wanne weichen musste. Die 800 Quadratmeter wurden auch schon mit der Winkelgasse aus Joanne K. Rowlings *Harry-Potter*-Romanen verglichen.

Wer nun aber ein undurchdringliches Chaos befürchtet, liegt falsch. Es ist die spezielle Ordnung, die das Haus der Bücher ganz besonders macht und das Gesuchte leicht finden lässt. Fantasy-Schmöker, Krimis, philosophische Traktate: Alle haben ihren Platz. Die Lektüre zur Geschichte ist chronologisch geordnet, die Literatur alphabetisch nach Autorinnen und Autoren. Und wenn ein Neuzugang nicht mehr auf die vollen Bücherborde passt? »Dann kommt er auf die Fensterbänke, die lieben die Kundinnen und Kunden, weil dort die neuen Sachen stehen«, verrät Maike de Haan. Älteres und Doppeltes wandert in Kisten mit 1-Euro-Schnäppchen. Wertvolleres bietet das Antiquariat im Internet an. Aber da fehlt das Erlebnis. Also gleich in die Straßenbahnlinie 4 einsteigen: Vom Hauptbahnhof sind es nur 15 Minuten.

Heerscharen von Büchern, aber sorgfältig geordnet: Das Haus der Bücher in Bremen ist Norddeutschlands größtes Antiquariat.

LITERATURHAUS

2025 bekommt Bremen einen zentralen Ort der Bücher: das STADTMUSIKANTEN- UND LITERATURHAUS im Kontorhaus am Marktplatz. Hier wird es Raum für Lesungen, Diskussionen, Musik und Theater sowie ein angegliedertes Lesecafé und eine Buchhandlung geben. Bereits Ende 2023 ist Bremen deshalb von der UNESCO zur Literaturstadt ernannt worden.

BOOK

Der Westen

Wie hoch türmen sich am Rhein die uralten Bücher? Wo wartet Lesespaß »Im untersten Dreck«? Welche Bewandtnis hat es mit der zerbrochenen Napoleonbüste? Und liegt die Tür nach Mittelerde wirklich in Wetzlar? Entdeckungen in Köln, Münster, Frankfurt und vielen weiteren Orten im Westen.

MUSEUM

Wörtersammler und Märchenonkel

DIE GRIMMWELT IN KASSEL

Es waren einmal ... zwei Brüder, die lebten 30 Jahre in Kassel. Dort schrieben sie gemeinsam ein großes Märchenbuch und ein noch viel größeres Wörterbuch. Die Rede ist natürlich von Jacob und Wilhelm Grimm.

Die GRIMMWELT an deren langjähriger Wirkungsstätte ist mehr als ein Museum: Sie nähert sich den beiden Sprachwissenschaftlern, Volkskundlern und Märchensammlern mit Briefen, Gemälden und Büchern, aber auch Film- und Toninstallationen, Projektionen, Kunstwerken und Stationen zum Mitmachen und Erleben. Besucherinnen und Besucher erfahren in beleuchteten Papierdioramen, wie die Grimms mit ihrem *Deutschen Wörterbuch* zu Mitbegründern der Germanistik wurden: Mit rund 320.000 Stichwörtern ist es bis heute das umfangreichste Nachschlagewerk zur deutschen Sprache. Allerdings kamen Jacob und Wilhelm Grimm nur bis F wie Froteufel – das bezeichnet einen Dämon. Den Rest erledigten ihre Nachfolger bis 1961.

Ein Höhepunkt ist der gigantische Schimpfworttrichter. Wer einen modernen Kraftausdruck hineinruft, erhält einen aus dem Grimm'schen Wörterbuch zurück. Und das hat immerhin Begriffe wie »Dreckbatze« und »Spinnenarsch« zu bieten. Das Untergeschoss ist eine interaktive Märchenwelt mit Lebkuchenhaus, sprechendem Spiegel, hüpfendem Froschkönig und verkleidetem Wolf. Die Museumsschatzkammer zeigt die einzigartigen Handexemplare der Märchensammlung, in welche die Brüder selbst hineingekritzelt haben. Und obwohl sie schon lange gestorben sind, leben sie noch heute.

AUSFLUGSTIPP

Rund 600 Kilometer lang ist die DEUTSCHE MÄRCHENSTRASSE. Sie startet im hessischen Hanau, dem Geburtsort der Brüder Grimm, und passiert verzauberte Gefilde wie den Reinhardswald bei Kassel – darin die Sababurg, wo Dornröschen in seinen hundertjährigen Schlaf fiel. Endpunkt ist Bremen, wohin die Märchenbrüder ihre tierischen Stadtmusikanten schickten.

Das Erlebnismuseum Grimmwelt nähert sich den Brüdern Grimm und ihren Märchen mit modernen Medien. Ganz rechts: In Bremen endet die Deutsche Märchenstraße – genau wie die Reise der Stadtmusikanten.

RIMM
ELT
ASSEL
FinsterWald

Antiquariat Wilsberg

ANTIQUARIAT

Hier ermittelt Wilsberg

DAS ANTIQUARIAT MICHAEL SOLDER IN MÜNSTER

In der TV-Serie *Wilsberg* löst ein Münsteraner Antiquar spannende Mordfälle. Doch kaum jemand weiß: Das Antiquariat Wilsberg gibt es in Münster wirklich. Es ist gleich bei der Überwasserkirche im Westen der Altstadt zu finden. In Wirklichkeit gehört es Michael Solder, der schon als Philosophiestudent hier jobbte und den Laden seit 1995 selbst führt. Zugegeben: Die telegene Bücherhöhle ist etwas kleiner, als sie im Fernsehen wirkt. Zweimal jährlich rückt das Kölner Drehteam für mehrere Tage an. Michael Solder ist dann oft bei internationalen Kunden oder auf Branchenterminen wie der Ludwigsburger Messe ANTIQUARIA unterwegs.

Im Sortiment führt er schwerpunktmäßig Philosophisches und Literatur in bibliophilen Ausgaben – da kann auch schon mal eine Erstausgabe des Denkers Immanuel Kant dabei sein oder eine Inkunabel aus dem 15. Jahrhundert. Krimis dagegen gibt es bereits ab zwei Euro – natürlich auch die gedruckten *Wilsberg*-Romane. Einen Running Gag der Fernsehserie – dass nämlich Antiquar und Privatdetektiv Georg Wilsberg niemals ein Buch verkauft – haben die Macher in der Folge *Fette Beute* vom Januar 2023 selbst auf die Schippe genommen: Der echte Antiquar Michael Solder bekam einen Gastauftritt als Kunde in seinem eigenen Laden und durfte den Satz sagen: »Ich kaufe das Buch!«

Krimifans wissen natürlich, dass in Münster nicht nur Privatdetektiv Wilsberg im ZDF ermittelt, sondern auch das Team des ARD-*Tatorts*, bestehend aus dem schnodderigen Kriminalhauptkommissar Frank Thiel und dem Rechtsmediziner Prof. Dr. Dr. Karl-Friedrich Boerne. Wer möchte, kann auch der Spur dieser Ganovenjäger auf einer ausgeschilderten Tour zu den Drehorten folgen.

Was macht Münster besonders? Studierende, Kirchen, Fahrräder, Bücher und die Liebe der hiesigen Menschen zur See. Die kommt sogar in der modernen Architektur der 1993 eröffneten STADTBÜCHEREI-HAUPTSTELLE zum Ausdruck. Das zweigeteilte Gebäude des Architekturbüros

Ab und an räumt Michael Solder freiwillig sein gemütliches Antiquariat in der Münsteraner Altstadt. Dann rückt ein Fernsehteam an und dreht hier die Abenteuer von Privatdetektiv Georg Wilsberg.

Bolles+Wilson ist außen wie innen einem Schiff nachempfunden.

Kalender mit maritimen Motiven, außerdem Postkarten, Lesestoff und vieles mehr bietet die BUCHHANDLUNG SALAMON in der Windthorststraße. Wer ein Foto oder ein Gemälde einrahmen lassen möchte, ist hier genau richtig.

EXTRABUCH am Spiekerhof hat sich auf Architektur, Kunst, Design und Fotografie spezialisiert. Die stilvoll arrangierten Buchcover in den Regalen erfreuen das Auge. Eine Besonderheit im Sortiment sind ausgefallene Kartenspiele wie das Baumängelquartett.

Der inhaberingeführte Buchladen ROSTA in der Aegidiistraße wurde einst als linksrevolutionäres studentisches Kollektiv gegründet. Heute führt der angenehme Independent-Buchladen vieles, was sonst nicht zu finden ist: politische Literatur, Internationales, unbekannte kleine Verlage.

Ein großes Abenteuer ist Münster für kleine Buchverliebte: Sie steuern zum Beispiel die SCHATZINSEL beim Theater an. Der 2003 eröffnete Laden wurde bereits dreimal beim Deutschen Buchhandlungspreis ausgezeichnet: Hier finden Kinder, Jugendliche – und natürlich Eltern, Großeltern, Onkel und Tanten – fantastische Leseentdeckungen. Gleiches gilt für die große Buchabteilung des nahen MUKK – das steht für MÜNSTERS UNGEWÖHNLICHES KINDERKAUFHAUS. Und für den kleinen, aber gut sortierten Kinderbuchladen HASENSTALL am Servatiikirchplatz. Am liebsten gekauft wird hier Guido van Genechtens Bilderbuchklassiker um den *Kleinen weißen Fisch*, der im Meer seine Mama sucht – Münster und seine Liebe zum Maritimen eben.

Tatsächlich besitzt die westfälische Kulturstadt auch ihren eigenen Hafen am

Dortmund-Ems-Kanal. Am bei Nachtschwärmern beliebten Kreativ-Kai besitzt das WOLFGANG-BORCHERT-THEATER seine Spielstätte. Und auch der COPPENRATH VERLAG, bekannt für seine Kinder- und Geschenkbücher, hat hier seinen Sitz in einem ehemaligen Kornspeicher aus dem Jahr 1899. Die fantasievoll ausgestatteten Verlagsgebäude sind für die Öffentlichkeit nicht zugänglich.

Links: Münster ist eine Bücherstadt – die meisten Bände hütet die Universitäts- und Landesbibliothek. Oben: Der »Tatort« aus Münster ist absoluter Fernsehkult: das humorvolle Ermittlerteam in Aktion.

BIBLIOTHEKEN

Münsters größte Büchersammlung ist die UNIVERSITÄTS- UND LANDESBIBLIOTHEK mit 6,5 Millionen konventionellen Medien sowie weiteren 3,1 Millionen elektronischen Medien. Mit 750.000 Bänden und 720 laufend gehaltenen Zeitschriften gehört die DIÖZESANBIBLIOTHEK MÜNSTER am Überwasserkirchplatz nach eigenen Angaben zu den größten theologischen Spezialbibliotheken des deutschen Sprachraums.

MUSEUM

Gefangen in der Wasserburg

DIE BURG HÜLSHOFF IM MÜNSTERLÄNDISCHEN HAVIXBECK

»Komm, liebes Hähnchen, komm heran«, beginnt ein Gedicht, das Annette von Droste-Hülshoff 1804 als Siebenjährige für ihren Bruder schrieb. Kaum hatte sie es geschrieben, verbarg sie es wahrscheinlich in einem Turmgebälk der WASSERBURG HÜLSHOFF, in der sie aufwuchs und die ihre Werke prägte – die schaurigen Balladen oder die hintergründige Mordnovelle von der *Judenbuche*. Verstecken musste sie ihre Erstlinge, weil ihre Familie – streng katholischer Münsterländer Adel – Dichtung und derlei Flausen nicht duldete.

Selbst ihr erster Lyrikband 1838 musste noch halb anonym erschien. Wie Droste-Hülshoff dennoch zur gefeierten Poetin wurde, erzählt das Museum über dem Burgrestaurant. Gemälde, Originalmöbel und die Hausbibliothek rufen die Welt wach, in der die Künstlerin unglückliche Liebe, familiäre Enge und drückende Abgeschiedenheit erlebte. Der Gartensaal gibt den Blick auf den Schlosspark mit Wildgehege und Teehaus frei.

Das Wasserschloss, in dem die Dichterin Annette von Droste-Hülshoff ihre Kindheit und Jugend verbrachte, beherbergt heute ein Museum und das rührige »Center for Literature«.

Ebenfalls als Museum gestaltet ist das sechs Kilometer entfernte RÜSCHHAUS, in das Annette mit 29 Jahren nach dem Tod des Vaters gemeinsam mit ihrer Mutter zog. Hier, in ihrem »Schneckenhaus«, schrieb sie die *Judenbuche*. Richtig produktiv aber wurde sie in der Ferne. Sie folgte ihrer Schwester Jenny an den Bodensee, wo sie acht Jahre lebte und kurz aufblühte, bevor sie dann schwer krank starb.

Seit 2018 ist BURG HÜLSHOFF auch ein Literaturzentrum mit kreativen Ausstellungen, Veranstaltungen, Stipendien und Mitmachprogrammen.

LYRIKWEG

Von BURG HÜLSHOFF aus erkundete die Dichterin zu Pferde die Umgebung. Oder sie streifte durch die Moorlandschaft. Auf ihren Spuren verlaufen mehrere Wander-, Rad- und Reitwege. Der »Lyrikweg« zwischen BURG HÜLSHOFF und dem RÜSCHHAUS etwa beinhaltet 20 Themenstationen. Eine App dient als multimedialer Tourguide. Für Kinder gibt es ein eigenes *Droste-Wanderbuch* mit Texten der Autorin Cornelia Funke.

BIBLIOTHEK

Das Erbe der Krupps

DIE VILLA HÜGEL IN ESSEN

Was für ein Familiendomizil! Wandtapisserien und Gemälde, kunstvolles Parkett, hohe Stuckdecken – und eine Bibliothek, die buchverliebte Herzen höherschlagen lässt.

Auf dem Hügel über der Ruhr, die an dieser Stelle zum Baldeneysee aufgestaut ist, ließ sich Alfred Krupp diese Villa 1873 erbauen. Gussstahlkanonen und Eisenbahnreifen hatten den Stahlmagnaten reich gemacht. Passend zum Industrieimperium musste ein repräsentativer Wohnsitz her – mit 99 Räumen und 11.100 Quadratmeter Wohn- und Nutzfläche sowie einem 28 Hektar großen Park drumherum.

Zeitweise arbeiteten hier 650 Menschen. Die VILLA HÜGEL diente nicht nur als Wohnsitz der Familie Krupp, sondern auch als Repräsentationsgebäude der gleichnamigen Firma. Sogar Kaiser Wilhelm II. übernachtete viermal in der Villa, die ein eigenes Badezimmer für ihn bereithielt. Das besaß er nicht einmal in seinem Schloss zu Berlin!

Heute ist die Villa im Besitz einer Stiftung und kann mit oder ohne Führung besichtigt werden. Wer Bücher liebt, sollte die Bibliothek mit ihren Holzvertäfelungen, der verborgenen Leseecke, die über eine Treppe im Erker erreichbar ist, und dem ausgeklügelten Regalsystem in Augenschein nehmen. Bis zu 30.000 Bände standen einst in den Regalen der Krupps. 21.000 davon gingen 1966 als Geschenk an die Ruhr-Universität Bochum, doch 3300 sind immer noch hinter den gläsernen Vitrinentüren zu sehen. Unter ihnen, gar nicht großkapitalistisch: *Das Kapital* von Karl Marx.

ANTIQUARIAT

Wer Karl Marx' *Das Kapital* selbst kaufen möchte, wird vielleicht im UBU-ANTIQUARIAT in der Bochumer Universitätsstraße fündig. Wer sich hineinwagt, sollte allerdings Zeit mitbringen, um in diesem Labyrinth der Bücher auf Schatzsuche zu gehen. Antiquar Wolfgang Jos hütet in den Räumen einer ehemaligen Metzgerei rund 100.000 Bände – der Schwerpunkt: linke Literatur.

Ruhrbaron Alfred Krupp ließ sich nicht lumpen. Ab 1873 entstand seine prächtige Villa über dem Baldeneysee. Der Palast mit seiner fotogenen Bibliothek kann besichtigt werden.

FRIEDRICH ALFRED
KRUPP
1854–1902

DAS WORT VOM KREUZ
LANGENBERG
Handschrift
ANGEBOTE
DER GUTENBERG
BÜCHER
öffnen Türen
Buchdrucker

Café

WEITERE

Für Buchspazierer

DIE BÜCHERSTADT LANGENBERG IN VELBERT

Velbert-Langenberg: Das sind verwinkelte Gassen, Fachwerkhäuser mit Schieferfassaden, prächtige Villen, die von der Vergangenheit der 15.000-Einwohner-Stadt als Zentrum der Seidenweberei erzählen – und: Bücher, Bücher, Bücher. Seit 1998 ist Langenberg an der Grenze zwischen dem Rheinland und Westfalen ganz offiziell BÜCHERSTADT. Wer durch die Altstadt bummelt, purzelt von einem Antiquariat ins nächste, findet Buchhandlungen, Ateliers, Lesecafés, Papeterien, Holzspielzeugläden, Kalligrafiekurse, einen Skulpturengarten, ein Kunsthaus und, und, und.

Die Idee hinter der Bücherstadt: Läden sollen bloß nicht leer stehen. »Menschen in den Ort kriegen«, umschreibt Isolde Marx, was sie bewegt. Als Vorsitzende des Vereins zur Förderung der Bücherstadt Langenberg ist sie die treibende Kraft. Und sie sprüht vor Ideen. Zum Beispiel:

Einfach treiben lassen durch die kunterbunte Welt der Bücher: In Velbert-Langenberg – an der Grenze zwischen dem Rheinland und Westfalen – ist für alle Fans bibliophiler Entdeckungen etwas dabei.

Jedes Geschäft in Langenberg – auch ein Elektroladen beispielsweise – darf sich aus dem Fundus des Vereins kostenlos mit Lesestoff bedienen, die antiquarischen Bände ins Schaufenster oder Regal stellen und mit ihrem Verkauf ein bisschen hinzuverdienen.

Das riesige vereinseigene Bücherlager in der Altstadt ist jeden Montag für Bücherspenden und Schnäppchenjagd geöffnet. Zu finden ist es in einem ehemaligen Schulhaus zwischen der Bibliothek und einer zum Veranstaltungsraum umgebauten Kirche. Leider habe dieses Gebäude keinen Namen, bedauert Isolde Marx, die regelmäßig Gruppen durch die Gassen führt. Ganz im Gegensatz zu anderen Langenberger Häusern, die alle Hiesigen seit Jahrhunderten nur unter traditionellen Benennungen wie »Im untersten Dreck« oder »Im Fegefeuer« kennen.

Der »Honnes« zum Beispiel geht auf eine alte Bezeichnung für »Bürgermeister« zurück. Das kleinteilige Eckhaus ist der perfekte Ausgangspunkt für einen Buchspaziergang. Zum einen residiert hier die Info- und Anlaufstelle BÜCHERSTADT-TREFF, in der auch Eintrittskarten für

BÜCHERDÖRFER

Vorbild Langenbergs ist das weltbekannte BÜCHERDORF HAY-ON-WYE in Wales. Auf nur 1500 Einwohner sollen in diesem Sehnsuchtsziel für Buchverliebte rund zwei Millionen Bücher kommen – in Buchläden, Antiquariaten und zahllosen Kisten vor den Häusern. Aber auch gleich hinter der deutsch-niederländischen Grenze bei Bocholt befindet sich mit BREDEVOORT eine weitere Bücherstadt. Sie wurde 1993 eröffnet und lockt mit mehreren Antiquariaten, einer Buchbinderei und einem alljährlichen INTERNATIONALEN BÜCHERMARKT, bei dem auch Lesestoff in deutscher Sprache zu finden ist.

Lesungen erhältlich sind, zum anderen das Antiquariat, das neben Büchern Kleinantiquitäten wie Bronze- oder Keramikfiguren, Buchstützen und sogar die Kronleuchter an der Decke feilbietet.

Eine Künstlerin unterhält im Honnes ihr Atelier und bietet Mal- und Zeichenkurse an. Zu sehen gibt es außerdem eine Krimisammlung sowie eine hochkarätige Ausstellung mit seltenen Werken des mittelalterlichen italienischen Poeten Dante Alighieri. Obendrein widmet sich ein ZWEI-ZIMMER-MUSEUM mit vielen kuriosen Devotionalien wie Weingläsern, Pfefferstreuern und bedruckten Brötchentüten dem Thema »Goethe & Ginkgo«. Dass der Dichter den Ginkgobaum in der Nähe seines Gartens in Weimar liebte, ist

bekannt. Dass in Langenberg im Park der Villa Au einer der prächtigsten Ginkgos der Republik steht, verrät den meisten aber erst das Museum.

Im Antiquariat DIE BÜCHERQUELLE arbeiten ehrenamtliche Helferinnen und Helfer des Bücherstadt-Vereins. Hier gibt es zum kleinen Preis, was gespendet wurde. Das Antiquariat BÜCHERHAUS beherbergt eine Biobackstube und das gemütliche Café Kauz. In einer ehemaligen Buchdruckerei findet sich das Erlebnismuseum DER GUTENBERG – DIE BUCHMACHEREY. Dort erzählen Exponate wie zwei Druckmaschinen aus Holz, Satztische und originale Letterkästen die Geschichte von der Handschrift bis zum Buchdruck, speziell die der Bibel. Workshops bringen historische Drucktechniken und das kunstvolle Falten von Papier näher. Das BUCH & GRAFIK-ANTIQUARIAT ANANDA ART GALLERY in einem schmucken Schieferhaus bietet unter anderem Reiseführer, Vintagefotos und historische Landkarten an, und bei INTERMUNDIUM gibt es außer Kunsthandwerk auch Bücher …

Langenberg ist ständig im Wandel. Manches geht, Neues kommt. Besonders lohnt sich der Besuch zweimal im Jahr, wenn rund 25 Antiquarinnen und Antiquare aus ganz Deutschland den Froweinplatz mit ihren Buden in den LANGENBERGER BÜCHERMARKT verwandeln. Selbstverständlich sind dann auch die übrigen Antiquariate der Bücherstadt – wie übrigens fast jeden Sonntag – geöffnet.

Im Antiquariat von Richard Booth (l.) begann die Weltkarriere des walisischen Hay-on-Wye (o.). Booth erklärte das Bücherdorf zum »independent kingdom« – ein bis heute buchverrücktes Königreich!

BIBLIOTHEK

Leselust turmhoch

DAS GÖRRES-GYMNASIUM IN DÜSSELDORF

Buchverliebte kennen Düsseldorfs Einkaufsmeile Königsallee und die riesige MAYERSCHE BUCHHANDLUNG. Wenige aber wissen vom geheimen Weg ins Reich der Bücher, der hier beginnt. Über die Bastionsstraße geht es durch ein Portal, über dem eine steinerne Eule die Flügel ausbreitet, dann über Treppenstufen, die wie Buchrücken mit Titeln gestaltet sind: Franz Kafka: *Die Verwandlung* – E. T. A. Hoffmann: *Der Sandmann* – Joanne K. Rowling: *Harry Potter*. Die Reise endet in einem Turm voller Bücher. Sie stehen in zwei konzentrischen, zehn Meter hohen Regalen um eine Wendeltreppe herum.

Der Turm der 20.000 Bücher ist Teil des 1545 gegründeten GÖRRES-GYMNASIUMS. Schon der Düsseldorfer Dichter Heinrich Heine besuchte diese Schule, die damals noch Lyzeum hieß und in der Citadellstraße residierte, von 1807 bis 1814. Heine mochte seine Schule nicht. Kein Wunder: Ihre sagenhafte Bibliothek war nur Lehrern vorbehalten.

Das deutsche Hogwarts ist an der Düsseldorfer Königsallee zu finden. In den Turmgemächern des Görres-Gymnasiums stapeln sich 20.000 teils uralte Bände um eine Wendeltreppe herum.

BÜCHERMARKT

An vier Wochenenden im Jahr wird die Rheinuferpromenade zur DÜSSELDORFER BÜCHERMEILE. Hier gibt es jede Menge Antiquarisches, Vergriffenes, Verschollenes und Heißgeliebtes. Bei rund 60 gewerblichen und privaten Händlerinnen und Händlern können bis in den frühen Abend hinein echte Schnäppchen geschossen werden.

1906 bekam das Gymnasium ein neues Gebäude – und die Bibliothek einen Turm. Kein Band ist jünger als 100 Jahre, viele sind in edles Schweinsleder gebunden. Unter den Schätzen sind Athanasius Kirchers *Mundus subterraneus*, Hartmann Schedels *Weltchronik*, Johann Wolfgang von Goethes Doktorarbeit, dazu Unikate preußischer Lehrpläne aus dem 19. Jahrhundert … Wer die Bibliothek nutzen möchte, muss sich vorher anmelden, nur bei Tagen der offenen Tür ist sie für alle zugänglich. Virtuell, auf der Website des Görres-Gymnasiums, kann sie hingegen immer besucht werden.

BUCH
HANDLUNG
KLAUS
BITTNER

LITERATURCAFÉ

Rhein-Lesen

DAS CAFÉ GOLDMUND UND VIELE BUCHENTDECKUNGEN IN KÖLN

In Kölns buntem Viertel Ehrenfeld, nicht weit vom berühmten Helios-Leuchtturm, präsentiert sich das CAFÉ GOLDMUND. Vorhang auf für einen urgemütlichen Ort zum Plaudern, Genießen und Lesen! Benannt ist das Literaturcafé und Restaurant nach dem Jüngling in einer Erzählung Hermann Hesses, der sich auf die Suche nach Erfüllung macht. Suchte er stattdessen Lesestoff, er würde hier fündig! 3000 Bücher zum Schmökern vor Ort oder zum Kaufen stehen in den Regalen. Die abgetrennte Book-Crossing-Zone hält weitere 150 Bände bereit: einfach mitnehmen und nach der Lektüre freilassen – zum Beispiel in der Straßenbahn, im Theater oder der Kneipe. Dabei nicht vergessen, die Buchreise im Internet zu dokumentieren. Gäste lieben die Lesungen, Krimidinner und Konzerte, aber auch den Frühstücksbrunch mit Kaffee aus einer Ehrenfelder Rösterei – und natürlich den heimeligen Biergarten.

Nichts zu lesen daheim? Dann ab zu Klaus Bittner, vielfach ausgezeichnete Buchhandlung mit Antiquariat in der Kölner Albertusstraße.

Stil ist im BUCHSALON EHRENFELD in der Wahlenstraße angesagt: eine gute Adresse für Lektüregeheimtipps aus kleinen Verlagen sowie Buchpräsentationen in besonderem Rahmen. Wie in einem großen (aber aufgeräumten!) Spielzimmer fühlen sich kleine Piratinnen und Abenteurer im Ehrenfelder Kinderbuchladen KNIRPS & RIESE. Den Namen SIEBTER HIMMEL hat der Bastei-Lübbe-Verlag seinem Concept Store im Belgischen Viertel gegeben. In verschiedenen Themenwelten warten nicht nur Bücher, sondern auch Klamotten, Lampen, Tassen und vieles mehr auf Trendbegeisterte. »Bücher, die verändern«, lautet der Slogan des besonderen Buchladens MANULIT, ebenfalls in der Limburger Straße. Hier ordnen sich die Abteilungen einmal nicht nach Genres an, sondern nach Leseanlässen, die als Schriftzüge von der Decke hängen: »Neue Horizonte« zum Beispiel, »Besser leben« oder »Unterwegs«.

Die 1980 eröffnete BUCHHANDLUNG KLAUS BITTNER mit ihren deckenhohen Regalwänden, in denen sich Neues und Antiquarisches tummelt, gehört fest zu Köln. Buchhändler Klaus Bittner gründete

BUCHHANDLUNG

In Horrem, einem Stadtteil von Kerpen, direkt an der Bahnlinie Köln–Aachen, findet sich die liebevoll mit alten Holzmöbeln und Weinkisten eingerichtete BUCHHANDLUNG WORTREICH. Buchhändler Dennis Witton hat einen Treffpunkt mit vielen kreativen Veranstaltungen geschaffen: zum Beispiel die »Bücherschlacht«, bei der drei Akteure publikumswirksam mit Buchempfehlungen gegeneinander antreten.

auch das LITERATURHAUS KÖLN in der Innenstadt in den 1990er-Jahren mit – bis heute die Topadresse für Lesungen. In der Ehrenstraße unterhält die BUCHHANDLUNG WALTHER KÖNIG ihr Stammhaus mit den markanten aufgeschlagenen Büchern, die scheinbar an der Backsteinfassade kleben. Im 1969 gegründeten Geschäft, das bald zum Treffpunkt für Künstlerinnen und Künstler wurde, gibt es alles (und noch viel mehr) zu Malerei, Architektur, Design, Mode und Fotografie. Kunstsinnige Filialen betreibt Walther König in ganz Europa.

Tische in Tropfenform, Bleiglasfenster mit Verlagssignets und geschwungene Furnierschränkchen: In der BUCHHANDLUNG C. ROEMKE UND CIE. in der Apostelnstraße sind die Fünfzigerjahre lebendig – dank Renovierung im Retrochic. Dabei wurde die bis heute unabhängige Buch-

handlung schon 1865 gegründet. »Cie.« steht übrigens für »Compagnie«. BUNT heißt ein modernes Antiquariat am Neumarkt, das aktuelle Titel zu kleineren Preisen anbietet. Das Unternehmen unterhält außerdem auf der Venloer Straße noch einen Laden für neue Bücher. Und der Kölner Taschen-Verlag ist mit seinen Fotobänden und Coffee Table Books weltweit ein Begriff. Den stylischen TASCHEN BOOKSTORE am Neumarkt haben Designgrößen aus ganz Europa gestaltet – von den Mosaikfliesen über den Verkaufstresen bis zu den Deckenleuchten.

Links: Das Café Goldmund in Köln-Ehrenfeld ist ein sicherer Hafen für (Lese-)Hungrige. Oben: Literatur zu Kunst, Architektur, Mode, Fotografie und Film – Schon mal in der Buchhandlung Walther König danach gesucht?

Für die meisten Kölnerinnen und Kölner ist aber ohnehin der liebevoll sortierte und familiengeführte Laden im eigenen Veedel die erste Adresse. Die AGNES-BUCHHANDLUNG in der Neusser Straße beispielsweise. Oder der BUCHLADEN NEUSSER STRASSE – Vorsicht: Diese Ausfallstraße ist 5,3 Kilometer lang – im nördlichen Stadtteil Nippes, wo die besten Literaturempfehlungen gratis sind.

Und natürlich die Events: Die LIT.COLOGNE in jedem Frühjahr zählt zu den umfangreichsten Literaturfestivals Europas. Die ganze Stadt wird dabei zur Lesebühne, vom Botanischen Garten (Flora) bis zur neogotischen Kulturkirche in Nippes. Bei der POETICA, einem spannenden Festival für Weltliteratur jeden Januar, kommt das Genre Lyrik zu seinem Recht – ebenso beim frühjährlichen ANDERLAND-FESTIVAL FÜR POESIE in der Stadtbibliothek.

Traust
du
dich?

Das Museum der Pflanzen
Janosch
Janosch

MUSEUM

Schmökern wie in Panama

DAS BILDERBUCHMUSEUM BURG WISSEM IN TROISDORF

Janoschs Kinderbuch *O wie schön ist Panama* gehört zu den bezauberndsten und weisesten Geschichten über Reisen, Heimkommen und Freundschaft. An seinem Ende kaufen sich Tiger und Bär ein gemütliches Sofa: Hier, im Bilderbuchmuseum auf Burg Wissem, steht dieses Sofa. Sollte es gerade frei sein: schnell einen Schmöker schnappen und hineinfläzen. 8000 Bilderbücher stehen zur Auswahl – zum Beispiel von Janosch, Helme Heine, Rotraud Susanne Berner und vielen mehr.

Das Besondere: Das Museum bewahrt auch rund 20.000 Originalillustrationen von Bilderbuchkünstlerinnen und -künstlern auf. Janosch etwa stellte seine fast komplett als Dauerleihgabe zur Verfügung. In der Burg am Rand des Naturschutzgebiets Wahner Heide lagern insgesamt 40.000 Bilderbücher aller Epochen. Das älteste stammt von 1498. Die wertvollsten können kleine und große Besucherinnen und Besucher in Vitrinen bestaunen. Sechs bis acht Sonderausstellungen jährlich bringen das Thema Bilderbuch näher.

Genug gesehen? Oder doch noch eine Entdeckungsreise durch die alten Gemäuer machen? Über eine Wendeltreppe geht es in die Turmkammer voller Märchenbücher. Oder weiter in den Gespensterraum. Vorsicht, bücken: Hinein führt nur ein niedriger Tunnel. Klar, die Fledermäuse an der Decke sind falsch. Aber der Giftschrank? »Zu jeder Zeit geschlossen halten«, steht darauf. Hm ... könnte er geheime Zutaten für gefährliche Zaubertränke enthalten? Am besten ausprobieren! Und dann auf ins Burgrestaurant!

O, wie schön ist es, sich in die urgemütlichen Leseecken im Bilderbuchmuseum auf Burg Wissem in Troisdorf zu fläzen – zum Beispiel im garantiert gruseligen Gespensterraum!

LESEKINO

Zum Lesen ins Kino gehen? In Bonn funktioniert das. Genauer gesagt in der Filiale der BUCHHANDLUNG THALIA am Markt 24. Bis 2006 flimmerten hier Actionstreifen und Schmachtfetzen, Monumentalfilme und cineastische Geheimtipps über die Leinwand. Dann musste das Metropol-Kino schließen. Heute sind unter der beeindruckenden Kuppel im Art-déco-Stil auf vier Etagen die Bücher die Stars.

Fantastische Fotospots

... FÜR SOCIAL MEDIA UND WIE SIE ZU FINDEN SIND

Verena Voß stellt seit mehreren Jahren als »missirocknbook« Bücher und Bücherorte auf Social Media vor. Mittlerweile hat sie auch ihren Traumjob in einer Buchhandlung.

Liebe Verena, wie lauten deine Geheimtipps für Buchverliebte?
Verena Voß: Weit vorne steht für mich das ANTIQUARIAT ALT-HOHENECK in Ludwigsburg mit einem öffentlichen Buchregal im Außenbereich, einem Antiquariat und einer großen, im Sommer geöffneten Bücherscheune. KORN & BERG in Nürnberg ist Deutschlands älteste Buchhandlung. Sie wurde 1531 gegründet – bevor die erste *Lutherbibel* gedruckt wurde! Und natürlich empfehle ich unsere eigene Buchhandlung DER LESELADEN in Kirchheim unter Teck – mit gemütlichem Lesecafé!

Wie findest du spannende Bücherorte?
Verena Voß: Viel laufen, fragen, zuhören! Die tollsten Spots findest du jedenfalls nicht auf Google Maps.

Wie lauten deine wichtigsten Tipps fürs Fotografieren oder Drehen eines Videos?
Verena Voß: Ich frage immer erst um Erlaubnis. Dann nehme ich mir Zeit und

schaue mich um. Ausreichend Licht ist wichtig, verschiedene Winkel machen Bilder und Videos interessant. Bei Videos solltest du schnelle, ruckartige Szenen vermeiden. Nicht alles klappt, und manchmal gibt es auch Fotoverbote oder Antiquariate, in denen ich ignoriert werde. Das gehört dazu.

Welche Entwicklungen im Buchmarkt beobachtest du, etwa auf Messen und im Social-Media-Bereich?

Verena Voß: Das Buch rückt in den letzten Jahren in der Präsentation auf Social Media etwas nach hinten, da sich viele Leser an den Bildschirmen mehr Transparenz und Persönlichkeit wünschen. Früher war das natürlich nicht möglich. Heute sehe ich oft erst ein Gesicht und dann das Buch. Diese Entwicklung ist auf der einen Seite wichtig, um vor allem junge Leserinnen und Leser auf das Buch aufmerksam zu machen, um sich von diesen Menschen inspirieren zu lassen, sich eventuell auch mit ihnen und dem Leseverhalten identifizieren zu können. Doch trotz dieser Vorteile gefällt mir die Entwicklung nicht in allen Bereichen des Buchhandels. Man muss nicht immer und überall mit dabei sein. Man sollte immer authentisch bleiben, gewisse Entwicklungen lieber nur von außen betrachten, auch als Buchhandlung oder Verlag! Die Darstellung und Selbstinszenierung auf den großen Buchmessen ist nicht immer optimal.

Was steht für dich im Vordergrund? Die Bloggerin Verena Voß oder die Bücher?

Verena Voß: Ganz klar die Bücher! Im Vordergrund sollte immer die Leidenschaft stehen, die Liebe zum geschriebenen Wort. Das vereint uns alle!

Die Buchhandlung Korn & Berg (l.) mit dem Deckenporträt Albrecht Dürers. Verena Voß alias »missirocknbook« (o.) arbeitet im Leseladen in Kirchheim unter Teck mit gemütlichem Lesecafé (r.).

Märchenreich am Vulkansee

DIE KLOSTERBIBLIOTHEK MARIA LAACH

Seit fast 1000 Jahren liegt am Ufer eines Vulkansees die Abtei Maria Laach. Wie zur Zeit ihrer Gründung beten und arbeiten hier Benediktinermönche. Und wie damals gehören Fischerei, Schmiede, aber auch Bücher zum Klosteralltag. Einst waren es religiöse Handschriften, die Mönche in ihrem Skriptorium – der Schreibstube – anfertigten. Doch die gingen fast vollständig verloren, als die Abtei um 1802 als Folge der Napoleonischen Kriege aufgelöst und geplündert wurde.

Dass Maria Laach heute dennoch ein faszinierendes Büchermärchenreich besitzt, ist den Jesuiten zu verdanken, die hier ab 1862 neun Jahre ein Studienzentrum unterhielten. Sie gestalteten den emporragenden, fensterlosen Raum, den Bücher auf vier Etagen von allen Seiten einrahmen. Zu den offenen Galerien führt eine gusseiserne Wendeltreppe – gefertigt in der berühmten Sayner Hütte.

Die Jesuiten packten ihre Bücher ein, als sie das Deutsche Reich verlassen mussten. Also füllten die Benediktiner, die Maria Laach 1892 wieder besiedelten, die Regale nach und nach wieder auf. Auf 260.000 Bände ist ihre Sammlung inzwischen angewachsen: Die meisten stehen in einem Neubau und können nach Anmeldung studiert werden. Die altehrwürdige Bibliothek, die nur mit Führungen zugänglich ist, hütet übrigens nicht nur geistliche Werke, sondern bildet ein breites Spektrum des Wissens ab: Auf der obersten Galerie sollen sogar Fußballbücher und 22 Bände von Karl May zu entdecken sein.

BIBLIOTHEKEN

Zwei aufregende Bücherorte finden sich an der Mosel: In Bernkastel-Kues hütet die BIBLIOTHEK DES ST. NIKOLAUS HOSPITALS den Handschriftenschatz des Nikolaus von Kues (1401–1464) – zu besichtigen bei regelmäßigen Führungen. Die öffentlich zugängliche SCHATZKAMMER DER STADTBIBLIOTHEK TRIER präsentiert den *Egbert-Kodex*, das *Ada-Evangeliar*, die *Trierer Apokalypse* und weitere Preziosen.

Uraltes Wissen überdauert die Jahrhunderte: Jesuiten haben einst die verwinkelte Bibliothek der Abtei Maria Laach angelegt – ein Traumreich, in dem das Spiel von Licht und Schatten zu erleben ist.

Café
SHERLOCK
Das
Kriminalhaus

WEITERE

Meucheln in der Eifel

DAS KRIMINALHAUS UND CAFÉ SHERLOCK IN HILLESHEIM

Da lag die Leiche! Der Kreideumriss auf dem Teppich ist deutlich zu sehen. Gut, dass Sie es rechtzeitig in die Dachkammer des KRIMINALHAUSES Hillesheim geschafft haben, um zu ermitteln. Einfach die Fallakte kaufen, Spuren sammeln, Aussagen an Hörstationen lauschen und den Mörder – oder die Mörderin? – überführen.

Hillesheim in der Vulkaneifel ist Deutschlands Krimihauptstadt. Und das Kriminalhaus ist mittendrin. Es birgt das Deutsche Krimiarchiv mit 35.000 Büchern und einer Sammlung von Detektiv-Brettspielen – Lesesessel und Spieleecke inklusive. Ein kleines Antiquariat gehört auch dazu.

Ermitteln macht hungrig? Dann wartet im Erdgeschoss das detailverliebt gestaltete CAFÉ SHERLOCK mit einem »Toast Thomas Magnum« – mit Ananas – oder einer Tasse »Fünf-Uhr-Tod« – feiner Assamtee. Wer bislang kein Krimifan war, wird es hier. Und beginnt zu rätseln: Was bedeutet die zerbrochene Napoleonbüste unter der Glasplatte des Cafétisches, der Meisterdetektiv Sherlock Holmes gewidmet ist? Auch andere große Ganovenjäger sind verewigt: Miss Marple etwa, Inspector Barnaby und natürlich Siggi Baumeister – der Ermittler aus den Eifelkrimis des 2022 verstorbenen Jacques Berndorf. Berndorfs Freund Ralf Kramp, ebenfalls Krimiautor und Chef des KBV-Verlags, eröffnete 2007 das Kriminalhaus gemeinsam mit seiner Frau Monika, die die zugehörige Buchhandlung LESEZEICHEN führt. Übernachtet wird hier natürlich stilecht und garantiert ruchlos im KRIMIHOTEL am Ende der Straße.

WANDERTIPPS

Jacques Berndorf, der das Pseudonym nach seinem Wohnort Berndorf – einem Ortsteil von Hillesheim – gewählt hat, machte die Eifel zu Deutschlands Krimilandschaft schlechthin: Fans entdecken die Schauplätze des Bestsellers *Eifel-Blues* und seiner Folgebände auf zwei ausgewiesenen »Eifelkrimi«-Wanderwegen. Und sind garantiert als Erste am Tatort!

Kommen Sie mit erhobenen Händen raus! Nein, besser: Gehen Sie rein und entdecken Sie das Kriminalhaus in Hillesheim – mit einer riesigen Sammlung mörderischer Lektüre und einem wahrhaft kriminellen Café.

THERE'S NO MONEY IN BOOKS.
HUNDERTWASSER 1928 – 2000

ART BOOK SAAR

Vergriffen? Gibt es nicht!

ART BOOK SAAR IN HOMBURG/SAAR

ART BOOK SAAR in Homburg hat etwas von einer erlesenen Vinothek, in der es schon ein Genuss ist, wandhohe Regale mit edelsten Weinen zu bestaunen. Nur lagern hier auf drei Etagen keine Flaschen, sondern 30.000 Bücher zu Malerei, Grafik, Fotografie, Film, Architektur, Design und Mode. Buchhändler Bernd Detsch hat das geräumige Haus geerbt und lebt hier auch.

Was macht die Mischung aus Buchladen, Bibliothek, Galerie, Ausstellungsraum und Wunderkammer so besonders? Die Sortimentstiefe! 400 Titel zu Pablo Picasso sind zu finden, rare Künstlerbücher von Ed Ruscha oder Martin Kippenberger, Fotobände von Wolfgang Tillmans, Nobuyoshi Araki und Daidō Moriyama, alles über Gerhard Richter ... Und die Besonderheit: All diese Bücher sind Restposten, also verlagsfrisch und ungelesen. Bernd Detsch hat sie von Verlagen und in Museen erstanden.

Früher handelte er in Köln jahrelang en gros mit diesen Restposten, belieferte moderne Antiquariate. Die Firma ARTBOOKCOLOGNE führt nun sein Sohn. Detsch selbst kehrte 2013 ins Saarland zurück. Dort hatte er Platz für all die schönen Werkverzeichnisse, Monografien und Kataloge, die er in seinem alten Job immer wieder für sich zur Seite gelegt hatte. Denn er weiß: Was gestern verramscht wurde, kann heute selten und morgen teuer sein. So wie guter Wein eben. Darum ist es in Teilen seine eigene, geliebte Sammlung, die er in Homburg anbietet, wenn auch nicht immer gern. Wer also ein seltenes Künstlerbuch erstehen möchte, muss den Meister schon überzeugen!

Das hat Stil: Eine immense Auswahl an Kunstbänden ist bei Art Book Saar zu finden. Viele davon waren einmal Restposten, die Buchhändler Bernd Detsch in Museumskellern und Verlagslagern aufgestöbert hat.

ANTIQUARIAT

Der SPD-Politiker Reinhard Klimmt war von 1998 bis 1999 zwar nur ein knappes Jahr Ministerpräsident des Saarlandes, ist aber schon sein ganzes Leben lang leidenschaftlicher Büchersammler. Und Inhaber des Online-Antiquariats DER BÜCHERGÄRTNER. Dieses besitzt auch einen Verkaufsraum, der Teil der Saarbrücker BUCHHANDLUNG ST. JOHANN ist.

Für Mittelerde- und Sternreisende

DIE PHANTASTISCHE BIBLIOTHEK WETZLAR

Baumelt da ein Strang Knoblauch am Bücherregal? Klar – und es kann auf keinen Fall schaden, hier nämlich bewahrt die PHANTASTISCHE BIBLIOTHEK WETZLAR massenweise Vampirgeschichten auf. Und Blutsauger reagieren bekanntlich allergisch auf Knoblauch. Aber wer die weltgrößte öffentliche Sammlung fantastischer Literatur betreten hat, hat sich bislang ohnehin als furchtlos erwiesen. Denn schon das Gebäude in der Turmstraße wird von einer zornig blickenden Drachenfigur bewacht.

Drinnen warten auf fünf Stockwerken 300.000 gebundene Bücher, Hefte, Zeitungsausschnitte sowie wissenschaftliche Schriften. Alle drehen sich um Fantasy, Science-Fiction und Horror oder auch Märchen, Sagen, Reise und Abenteuer. Und es gibt noch viel mehr: Lesesessel mit Krallen, Riesenspinnennetze, einen Pappaufsteller des Wookies Chewbacca aus *Star Wars*, ein Modell der USS Enterprise ... Und dann sind da noch Tausende Geheimgänge nach Mittelerde, Hogwarts, Narnia, Smaragdstadt, zum Elfenbeinturm der kindlichen Kaiserin, zur Wintersteinschule mit ihren magischen Tieren und ... in die unendlichen Weiten des großen Weltraums.

Ihre Eingänge sind natürlich die Bücher. In denen dürfen Große und Kleine nicht nur schmökern, sondern sie auch ausleihen und mit nach Hause nehmen. Die 1989 gegründete Institution veranstaltet zudem Symposien sowie Vorträge und gibt Schriftenreihen heraus. Regelmäßig sind kostenlose Führungen durch das Haus im Angebot. Aber auch spezielle Themenführungen sind möglich.

GOETHE-WEGE

Johann Wolfgang von Goethe verbrachte als junger Jurist 1772 zwar nur wenige Monate in Wetzlar. Doch die unglückliche Liebe zur Wetzlarerin Charlotte Buff, die ihn hier ereilte, verarbeitete er später in seinem Sturm-und-Drang-Klassiker *Die Leiden des jungen Werthers*. Auf des Dichters Spuren verlaufen ein Goethe-Rundweg in der Wetzlarer Altstadt und eine sieben Kilometer lange Goethe-Wanderung am Stadtrand.

Oben: Die Phantastische Bibliothek hat ihn – den perfekten Lesesessel für Fans von *Perry Rhodan*. Und unendlich viel mehr zu Fantasy und Science-Fiction. Unten: Johann Wolfgang von Goethe liebte die Wetzlarerin Charlotte Buff. Davon erzählen Graffitis am Museum Lottehaus, ihrem einstigen Wohnhaus.

Perry Rhodan
FANPRO

Die Leiden
des

MUSEUM

Er hat's erfunden!

DAS GUTENBERG-MUSEUM IN MAINZ

Was, wenn Johannes Gutenberg gewusst hätte, dass ihn das Time Magazine einmal zum Mann des Jahrtausends küren würde? Das hätte ihm wohl auch nicht geholfen. Der Mainzer, der bis 1450 den Buchdruck mit beweglichen Lettern erfand und damit den internationalen Siegeszug des Buches ermöglichte, benötigte vor allem Geld. Er nahm Kredite auf, um mit seinem revolutionären Verfahren eine Bibel zu drucken. Als die Bibel fertig, aber noch nicht verkauft war, forderte der Finanzier plötzlich sein Geld zurück – und Gutenberg verlor alles: seine Werkstatt und die eben vollendete Bibel. Er starb arm.

Das nach ihm benannte, 1900 gegründete GUTENBERG-MUSEUM in Mainz erzählt als »Weltmuseum der Druckkunst« von vier Jahrtausenden Buch-, Druck- und Schriftkultur. Die interaktive Reise geht von der Keilschrift zur modernen Typografie, von der Handschrift zum Pressendruck, von der rekonstruierten Gutenberg-Werkstatt bis zum museumspädagogischen Projektraum – dem Druckladen.

Das Gutenberg-Museum in Mainz zeigt das Druckverfahren, mit dem Erfinder Johannes Gutenberg die Welt veränderte. Zu den Schätzen gehören Wiegendrucke wie eine 42-zeilige *Gutenberg-Bibel*.

Das eigentliche Museumsdomizil findet sich am Liebfrauenplatz in der Mainzer Altstadt. Weil eines der Gebäude während der kommenden Jahre durch einen Neubau ersetzt wird, logiert die Dauerausstellung zwischenzeitlich im Naturhistorischen Museum Mainz in der Reichklarastraße. Unter dem Motto »Gutenberg-Museum MOVED« präsentiert sie Herausragendes aus der Sammlung.

Höhepunkt ist die Schatzkammer, ein von schwarzer Gaze umhüllter, begehbarer Kubus. Hier thront beispielsweise eine Biblia Pauperum, eine sogenannte Armenbibel: Dieses wertvolle, tadellos erhaltene Stück wurde zwischen 1460 und 1465 als Blockbuch in aufwendiger Holzschnitttechnik gedruckt. Und natürlich sind hier Gutenbergs berühmte Bibeln zu bestaunen: sowohl das vollständige, zweibändige Shuckburgh-Exemplar als auch ein Band des Laubach-Exemplars.

Gutenberg druckte insgesamt 180 Exemplare seiner Bibel. Davon sind weltweit nur noch 49 erhalten, die zu den wertvollsten Druckwerken überhaupt zählen. Gutenberg hat leider nichts mehr davon.

MUSEUM

Einem Gefühl auf der Spur

DAS DEUTSCHE ROMANTIK-MUSEUM UND DIE BUCHSTADT FRANKFURT

Der kubische Bau des 2021 eröffneten DEUTSCHEN ROMANTIK-MUSEUMS lässt nicht unbedingt romantische Gefühle aufkommen. Die Dauerausstellung mit 35 ideenreichen Stationen auf zwei Etagen schon eher. Sie vermittelt die Romantik – als Literaturepoche des 19. Jahrhunderts, aber auch als ästhetisches Programm, Geisteshaltung und Gefühl.

Bücher, Manuskripte, Gemälde und Alltagsgegenstände sind als Exponate eingebettet in multimediale Stationen. Wo es etwa um das typisch romantische Gefühl der Waldeinsamkeit geht, kann nicht nur Naturgeräuschen, sondern auch Ludwig Tiecks Märchen *Der blonde Eckbert* gelauscht werden. Wie einzelne Kapitel eines Buches erzählen die Stationen, wie Achim von Arnim und Clemens Brentano ihre Volksliedersammlung *Des Knaben Wunderhorn* zusammengetragen haben. Oder wie der Poet Joseph von Eichendorff einen sympathischen Taugenichts auf die Reise schickte. Eichendorffs eigenhändig geschriebene Gedichtskizzen liegen vor einer Wolke von Begriffen, mit denen Eichendorff den unverwechselbaren Ton der Romantik trifft: Brunnen rauschen, Sterne funkeln, das Posthorn weckt die Sehnsucht nach der Ferne.

Das benachbarte GOETHE-HAUS wird ebenso wie das ROMANTIK-MUSEUM vom Institut Freies Deutsches Hochstift getragen. Hier ist auf vier Etagen die häusliche Welt zu erleben, in welcher der gebürtige Frankfurter und spätere Dichterfürst Johann Wolfgang Goethe seine Kindheit und Jugend verbrachte.

Weniger hochtrabend, aber witziger: Das CARICATURA – MUSEUM FÜR KOMISCHE KUNST widmet sich dem gepflegten Nonsens in allen gezeichneten, gemalten, getexteten und gereimten Facetten. Highlights sind mehr als 10.000 Originalzeichnungen der Künstler F. W. Bernstein, Robert Gernhardt, Chlodwig Poth und Hans Traxler – welche die »Neue Frankfurter Schule« bildeten.

1844 reimte der Frankfurter Nervenarzt Heinrich Hoffmann die Geschichten vom

Oben: Außen modern, innen voller Gefühl – das Deutsche Romantik-Museum in Frankfurt am Main beleuchtet eine besondere Epoche.
Unten: Das Struwwelpeter-Museum ist ganz dem berühmten strengen Bilderbuch gewidmet.

DEUTSCHES ROMANTIK MUSEUM

TICKETS

Struwwelpeter und anderen unartigen Kindern zusammen. Wer mehr über das weltberühmte Kinderbuch erfahren möchte, sollte das STRUWWELPETER MUSEUM in der neuen Altstadt besuchen.

Die seit mehr als 40 Jahren kollektiv geführte Buchhandlung YPSILON im Nordend bietet Bücher, die aus der Reihe tanzen. Vom gleichnamigen Café trennt sie nur eine Schiebetür. Fast um die Ecke und schon wegen der deckenhohen Regale ein Erlebnis ist der Buchladen LAND IN SICHT.

Wer den WELTENLESER im Oeder Weg betritt, sollte den Namen wörtlich nehmen und »die Welt wie ein Buch lesen«. Berichte der ersten allein reisenden Frauen stehen neben literarischen Reiseführern, Abenteuerromanen und Kochbüchern – immer nach den Ländern geordnet, in denen sich die Handlung abspielt: Romane von Stefan Zweig stehen bei Wien oder Brasilien, Literatur von Anna Seghers gibt es in der Karibikabteilung, aber auch bei Frankfurt, dem Schauplatz der Flucht in *Das siebte Kreuz*.

Die Buchhandlung mit Antiquariat WENDELTREPPE in Sachsenhausen ist 1989 als (nach eigener Auskunft) erste Kriminalbuchhandlung auf dem europäischen Kontinent gegründet worden. Noch heute garantiert sie mörderische Spannung. Die KARL MARX BUCHHANDLUNG in Bockenheim wiederum ist ein Kind der 68er-Studentenbewegung – sogar der spätere Außenminister Joschka Fischer zählte zum Gründungskollektiv.

Oben: Caricatura – Museum für Komische Kunst heißt das Haus am Weckmarkt, das sich geistreichem Nonsens à la Loriot widmet; im Bild: Leiter Achim Frenz. Rechts: Treffen sich zwei Buchverliebte im Oktober ... Wo? Natürlich auf der Frankfurter Buchmesse, der weltgrößten Branchenschau für bedrucktes Papier.

Gemeinsam mit der AUTORENBUCHHANDLUNG betreibt sie einen Außenposten bei der Universität im Westend.

Frankfurt ist nicht nur Sitz der DEUTSCHEN NATIONALBIBLIOTHEK, die alle deutschsprachigen Bücher sammelt und in ihrem Eingangsbereich die kostenlos zugängliche literarische Ausstellung »Exil. Erfahrung und Zeugnis« beherbergt. Hier hat auch der BÖRSENVEREIN DES DEUTSCHEN BUCHHANDELS seinen Sitz.

Kostbare Handschriften wurden in der Messestadt Frankfurt schon vor 500 Jahren gehandelt. Heute ist die FRANKFURTER BUCHMESSE das weltgrößte internationale Branchentreffen. Jeden Herbst heißt es zwischen originell gestalteten Verlagsständen schlendern, Autorinnen und Autoren treffen, Podiumsdiskussionen und Foren lauschen, nach Antiquarischem stöbern – und ganz viel lesen!

ANTIQUARIAT

Junge Büchersammlerinnen und -sammler, die endlich einmal eine echte Inkunabel oder eine wertvolle Erstausgabe in der Hand halten möchten, dürfen beim ANTIQUARIAT TRESOR AM RÖMER klingeln. Inhaberin Sybille Wieduwilt, die auf 150 Quadratmetern illustrierte Bücher, naturwissenschaftliche Werke und literarische Schätze verwahrt, teilt ihre Begeisterung gerne.

Schlemmer
maestro del bauhaus
Ascona
als forum

MUSEUM

Die hohe Kunst der Buchmacherei

DAS KLINGSPOR-MUSEUM IN OFFENBACH AM MAIN

Büchermachen ist eine Kunst: Das zeigt das KLINGSPOR-MUSEUM in Offenbach. Entstanden 1953 aus den Sammlungen des Unternehmers Karl Klingspor, bewahrt es rund 80.000 Zeugnisse vollendeter Buch- und Schriftkunst auf. Karl Klingspor und sein Bruder Wilhelm stellten in der ersten Hälfte des 20. Jahrhunderts in ihrer erfolgreichen Gießerei die Lettern her, ohne die gar nicht erst gedruckt werden konnte.

Die Dauerausstellung auf drei Stockwerken im historischen Büsingpalais widmet sich der Firmengeschichte. Aber auch der Kalligrafie – der Kunst des Schönschreibens. Oder dem Pressendruck – der Herstellung künstlerisch anspruchsvoller Kleinserien mit der Technik des Buchdrucks. Zu sehen sind Werke legendärer Druckereien wie der 1891 von William Morris in London gegründeten Kelmscott Press oder der Cranach-Presse, die Harry Graf Kessler ab 1913 in Weimar betrieb.

Malerbücher, die hochkarätige Künstlerinnen und Künstler illustriert und mitgestaltet haben, sind ebenso ausgestellt wie Künstlerbücher, die von vornherein als Kunstwerk in Buchform gedacht waren, Illustrationen und Plakate. Das Museumsteam tauscht die Exponate der Dauerschau regelmäßig aus. Wer dort das Gesuchte – etwa den elegant gestalteten *Hamlet* der Cranach-Presse – nicht findet, kann es sich jederzeit in den Lesesaal der angeschlossenen Bibliothek bringen lassen. Sonderausstellungen, Lesungen und Workshops sowie eine freitägliche Buchbar zum Zusammenkommen sind ebenfalls im Programm.

Buchkunst, Schriftkunst, Druckkunst – das Klingspor-Museum im Offenbacher Büsing-Palais beantwortet mit seiner einzigartigen Sammlung die Frage, was Bücher zum Verlieben schön macht.

HÖLDERLINPFAD

Der Dichter Friedrich Hölderlin war dafür bekannt, weiteste Strecken zu Fuß zurückzulegen. Von Bordeaux nach Frankfurt etwa. Der 22 Kilometer lange, beschilderte HÖLDERLINPFAD, der seinen Wohnort Bad Homburg mit dem Frankfurter Haus seiner heimlichen Geliebten Suzette Gontard verbindet, wäre ihm ein Leichtes gewesen. Start ist am Schloss in Bad Homburg mit seiner sehenswerten historischen Bibliothek.

BIBLIOTHEK

Preziose im Odenwald

DIE NICOLAUS-MATZ-BIBLIOTHEK IN MICHELSTADT

Die NICOLAUS-MATZ-BIBLIOTHEK in Michelstadt ist nach dem Universitätsprofessor und Domherren benannt, dem sie ihre Gründung verdankt: Nicolaus Matz vermachte seine Sammlung von 117 gebundenen Büchern um 1499 seiner Heimatstadt. Hauptsächlich waren es religiöse Werke, mit deren Lektüre sich Prediger fortbilden sollten. Aber auch gelehrte Bürger durften sich von den Schriftstücken erbauen lassen. Gegen Langfinger wurden die Bucheinbände an Lesepulte gekettet.

Durch Schenkungen wuchs die gelehrige Sammlung stetig an. Heute hütet Michelstadt einen historischen Bestand von 14 mittelalterlichen Handschriften und rund 4000 Druckschriften – davon 157 Wiegendrucke oder Inkunabeln, die bis 1500 erschienen, als der Buchdruck sprichwörtlich noch »in den Windeln lag«. Darunter befinden sich ein 1496 in Augsburg gedrucktes Exemplar der *Weltchronik* des Humanisten Hartmann Schedel sowie eine 1494 gedruckte Schrift des Christoph Kolumbus über seine Entdeckungen – mit einem Holzschnitt seiner prächtigen Karavelle. Mehrere Stücke stammen aus der Werkstatt des gefeierten venezianischen Renaissancedruckers Aldo Manuzio. In einem davon soll der Meister eine fehlende Druckzeile handschriftlich ergänzt haben.

Seit 1978 hat die Bibliothek, die im Lauf der Jahrhunderte durch verschiedene kirchliche Gebäude wanderte, ihr Zuhause in der historischen Thurn-und-Taxis-Postscheune und kann dort nach Anmeldung bei der Stadtverwaltung benutzt und besichtigt werden.

BIBLIOTHEK

Die BIBLIOTHEK DER FÜRSTLICHEN ABTEI ZU AMORBACH im Odenwald ist ein Traum in Weiß. Benediktinermönche ließen den prachtvollen Raum mit Deckenfresko, Brüstungen und unzähligen Schnörkeln anlegen, kurz bevor sie im Rahmen der Säkularisation 1803 aus dem Kloster vertrieben wurden. Mit täglichen Führungen, die auch den Grünen Saal und die Abteikirche miteinbeziehen, kann sie besucht werden.

In der Nicolaus-Matz-Bibliothek schlummern seit Jahrhunderten wertvollste Bücher – etwa ein Reisebericht des Entdeckers Christoph Kolumbus.
Ganz rechts: Ein Traum ist die Bibliothek in Amorbach.

Oceanica Classis

JUST

→KEEP←

READING

Der Süden

Was verbirgt der Zauberschrank des Doktor Faust? Ist das eine Stadtbibliothek oder ein Traumreich in den Wolken? Wo gibt es gebrauchte Leseschnäppchen? Und wie gelangt man an den Heiligen Gral? Bücherabenteuer in München, Bamberg, Heidelberg, Tübingen, Freiburg und vielen weiteren Orten im Süden.

JOSEPH
von
EICHENDORFF
1788 - 1857
Schläft ein Lied
in allen Dingen
die da träumen
Fort und fort
und die Welt hebt
an zu singen
triffst du nur
das Zauberwort

BIBLIOTHEK

Magie in allen Winkeln

DIE UNIVERSITÄTSBIBLIOTHEK HEIDELBERG MIT LITERATURSPAZIERGANG

Von außen gleicht Heidelbergs UNIVERSITÄTSBIBLIOTHEK einem Hexenschloss oder einer Zauberschule mit Türmchen und Erkern, deren Sandsteingemäuer rot in der Abendsonne leuchten. Wer das von Skulpturen flankierte, schmiedeeiserne Portal passiert, wartet nur darauf, jetzt in ein verwunschenes Bücherlabyrinth zu treten.

Zugegeben, im Inneren der Bibliothek, die mit ihren Außenmagazinen und Filialen mehr als drei Millionen Medien beherbergt, geht es etwas nüchterner zu. Das gilt aber nicht für die hier versammelten Schätze – 7000 mittelalterliche Handschriften und 1800 Wiegendrucke aus der Zeit vor 1500. Einige dieser magischen Stücke sind in Ausstellungen im Gebäude zu bestaunen, andere virtuell in Online-Präsentationen.

Die 1386 gegründete Ruperto Carola mit heute 30.000 Studierenden gilt im Ausland als die deutsche Universität schlechthin. Kein Wunder, dass in Joanne K. Rowlings *Harry-Potter*-Romanen ein Quidditch-Team namens »Heidelberg Harriers« auftaucht. Die kostbaren Bände der Bibliothek haben aber nicht Heidelberger Studierende zusammengetragen – zu ihnen zählten Persönlichkeiten wie der Barockdichter Martin Opitz, die Schriftstellerin Anna Seghers oder die Philosophin Hannah Arendt. Auch nicht Professoren wie Georg Wilhelm Friedrich Hegel, Hans-Georg Gadamer oder Max Weber, die hier lehrten. Sondern Kurfürsten, die von ihrem Schloss hoch über dem Neckar bis zum Jahr 1720 die Pfalz regierten. Ihre BIBLIOTHECA PALATINA, die pfälzische Bibliothek, galt bis zum Dreißigjährigen Krieg als Mutter aller Büchersammlungen.

Dann allerdings, um das Jahr 1623, gelangten alle 3700 Handschriften und 1300 Druckwerke als Kriegsbeute nach Rom. Dort lagern die meisten von ihnen bis heute verschlossen in der BIBLIOTHECA APOSTOLICA VATICANA. Nur ein Teil kehrte später in die Universitätsbibliothek Heidelberg zurück, ebenso wie der berühmte mittelalterliche

In Heidelberg »schläft ein Lied in allen Ecken«: am Gedenkstein für Joseph von Eichendorff auf dem Philosophenweg genauso wie in der verzaubert erscheinenden Universitätsbibliothek.

Codex Manesse: Ohne dieses prachtvolle Werk, das auch *Große Heidelberger Liederhandschrift* genannt wird, wären wohl viele Werke von Minnesängern des 12. und 13. Jahrhunderts für immer verloren gewesen. Die Handschrift enthält 6000 Strophen Minnedichtung und Porträts ihrer Autoren wie etwa Gottfried von Straßburg, Wolfram von Eschenbach oder Gottfried von Neuffen. Berühmt ist das Bildnis Walthers von der Vogelweide, der versonnen auf einem Stein ruht.

Die »Stadt des magischen Denkens« hat die 1977 geborene Schriftstellerin Jagoda Marinić Heidelberg, das seit 2014 UNESCO-Literaturstadt ist, in einem Essay genannt. Spürbar ist die Magie auf dem PHILOSOPHENWEG über dem Neckar. Der fast mediterrane Spazierpfad bietet märchenhafte Oasen – etwa am Gedenkstein mit dem Konterfei Joseph von Eichendorffs und seinem Gedicht »Schläft ein Lied in allen Dingen, die da träumen fort und fort, und die Welt hebt an zu singen, triffst du nur das Zauberwort.« Der Literat studierte von 1807 bis 1808 Jura in der Neckarstadt, von der er schwärmte: »Heidelberg ist selbst eine

Kauf uns! Bücher wollen nicht nur bestaunt und ausgeliehen, sondern auch erworben werden. Das klappt im verschachtelt-fotogenen Antiquariat Hatry in Heidelberg bestens.

prächtige Romantik; da umschlingt der Frühling Haus und Hof und alles Gewöhnliche mit Reben und Blumen und erzählen Burgen und Wälder ein wunderbares Märchen der Vorzeit.«

Diese Haltung teilten auch die Freunde Achim von Arnim und Clemens Brentano. Sie veröffentlichten in Heidelberg um 1805 ihre Volksliedersammlung *Des Knaben Wunderhorn*. Wie viele poetische Persönlichkeiten – von Martin Opitz im 17. bis Hilde Domin im 20. Jahrhundert – liebten sie den QUELLTÜMPEL WOLFSBRUNNEN am Stadtrand. Ein Abstecher zu diesem idyllischen Ort, der auch ein Gasthaus mit kleinem Literaturmuseum beherbergt, lohnt sich. Ebenso magisch ist das gleichfalls am Stadtrand gelegene BENEDIKTINERSTIFT NEUBURG, wo heute wie in alten Zeiten wieder Mönche leben. 123 Jahre lang, bis 1929, war die mittelalterliche Anlage im Privatbesitz. Hier residierte zeitweise der Dichter und Alchemist Alexander von Bernus und empfing als Gäste häufig Literaten, etwa Rainer Maria Rilke, Stefan George und Klaus Mann.

ANTIQUARIAT

Ein häufig fotografiertes Muss für Buchverliebte ist das ANTIQUARIAT HATRY in der Hauptstraße 119. Bücher an allen Wänden, auf Ständern, auf Tischen – und darunter. Und wem das nicht reicht, der erklimmt die Wendeltreppe durch das kreisrunde Loch in der Decke, nur um oben noch viel mehr Bücher zu finden. Insgesamt fünf Etagen umfasst dieses Lesereich.

Mehr als Schulweisheit

DIE HISTORISCHE BIBLIOTHEK IN RASTATT

Die HISTORISCHE BIBLIOTHEK im Ludwig-Wilhelm-Gymnasium Rastatt zählt zu den übersehenen Bücherparadiesen – zu Unrecht. Allein der große Saal im Obergeschoss, in dem hohe Eichenholzregale portalartige Durchlässe bilden, strahlt Erhabenheit aus. Darin lagern die ältesten von rund 80.000 Bänden der ehemaligen Schulbibliothek.

1715 hatte der Orden der Piaristen in Rastatt ein Kolleg mit eigener Bibliothek gegründet, 1747 verlegte er die Lehranstalt an den heutigen Platz gegenüber der Schlosskirche. Ihr Nachfolger, das Ludwig-Wilhelm-Gymnasium, besteht bis heute. Die Büchersammlung ist mittlerweile im Besitz der Stadt und öffentlich zugänglich.

Zwischen den Bücherregalen im Erdgeschoss sind wertvolle und interessante Stücke in Vitrinen zu sehen. 40 mittelalterliche Handschriften auf Pergament und Papier hütet die Institution. Am ältesten ist ein Blatt aus dem 9. Jahrhundert, auf dem in alemannischer Minuskelschrift ein theologischer Text geschrieben steht. 160 Inkunabeln oder Wiegendrucke, die aus der Frühzeit des Buchdrucks bis 1500 stammen, gehören ebenfalls zum Bestand. Eine solche Inkunabel ist Hans von Ortensteins 1492 gedrucktes *Fräulein von Britannien*. Sie existiert weltweit nur einmal – hier. Die Bibliothek mit ihren wechselnden Sonderausstellungen und einem Vortragsprogramm ist an mehreren Wochentagen geöffnet. Wer sie wissenschaftlich nutzen möchte, kann dies nach Anmeldung kostenlos tun.

STADTBUMMEL

Baden-Baden war im 19. Jahrhundert ein beliebter Urlaubs- und Glücksspielort für russische Literaten. Wer durch die Kurstadt flaniert, begegnet DENKMÄLERN und GEDENKTAFELN für Fjodor Dostojewski, Iwan Turgenjew, Nikolai Gogol und weiteren. Die deutschen Übersetzungen ihrer Werke wie Dostojewskis halb autobiografische Schrift *Der Spieler* gibt es im wunderschönen ANTIQUARIAT IM BALDREIT in der Fußgängerzone.

Ein glanzvoller Thronsaal der Bücher verbirgt sich im Ludwig-Wilhelm-Gymnasium Rastatt. Die ehemalige Schulbibliothek bewahrt einzigartige Handschriften und Drucke auf (o. und r.). Baden-Baden, mondänes Sehnsuchtsziel russischer Literaten, ehrt Fjodor Dostojewski, der hier gerne im Casino zockte (ganz r.).

BIBLIA
HEBRAICA
BIBLIA
HEBRAICA
K. 33
K. 34
K 37
K. 38
K. 39

THEOLOGI

MUSEUM

Sympathisant des Teufels

DAS FAUST-MUSEUM IN KNITTLINGEN

Faust – spätestens seit Johann Wolfgang von Goethe steht der Name für einen genialen Magier und Wissenschaftler, der in seinem Drang nach Wissen mit dem Teufel paktiert. Tatsächlich lebte zur Renaissancezeit wohl ein gewisser Johann Georg Faust. Urkunden zufolge reiste er als Doktor, Astrologe, Alchemist, Heiler und Totenbeschwörer durch Süddeutschland und kam 1540 in Staufen nahe Freiburg bei einer Explosion um.

Geboren wurde dieser Faust mutmaßlich um 1480 im schwäbischen Knittlingen. Das FAUST-MUSEUM im ehemaligen Knittlinger Rathaus folgt der Spur der historischen Figur mit Dokumenten, Büchern und Bildnissen. Im ersten Stock lässt ein Alchemielabor mit wandhohen Darstellungen sowie Exponaten wie Tiegeln, Kolben und Retorten nachempfinden, wie der Doktor Metalle geschmolzen und Heilmittel fabriziert haben könnte. Zu sehen ist auch der »Giftschrank des Doktor Faustus«: eine sternförmige Holzkommode mit magischen Zeichen und dem jüdischen Gottesnamen Elohim, welche die Knittlinger im 19. Jahrhundert unter Fausts Geburtshaus in der Erde vergraben fanden – ebenso wie ein Zettel mit rätselhaften magischen Formeln. Das Museum erzählt mit Erlebnis-, Audio- und Videostationen, wie eine Legende um Faust entstand, die Bücher und Puppenspiele weitertrugen, und wie Goethe schließlich sein großes zweiteiliges Drama schuf. Und dass die Geschichte um den Teufelspakt bis heute weiterlebt – etwa im Song *Sympathy for the Devil* von den Rolling Stones.

KLOSTER, MUSEUM UND CO.

Das KLOSTER MAULBRONN ist als vollständig erhaltene mittelalterliche Klosteranlage UNESCO-Weltkulturerbe. Von der Zeit, als sich in den Mauern ein Internat befand, das von späteren Dichtern wie Friedrich Hölderlin und Hermann Hesse besucht wurde, erzählt das LITERATURMUSEUM im Klosterhof. Gleich nebenan: die stimmungsvolle und gut sortierte BUCHHANDLUNG KRÜGER.

Oben: Im Museum in Knittlingen dreht sich alles um den Teufelsbündler Doktor Faust (hier dargestellt von Will Quadflieg, l.) – und seinen Kumpan Mephisto alias Gustaf Gründgens. Unten: das Kloster Maulbronn

MUSEUM

Das Literaturhauptstädtle

DAS DEUTSCHE LITERATURARCHIV UND MUSEEN IN MARBACH AM NECKAR

Kleines Städtchen, große Literatur: Marbach am Neckar ist mit einem bedeutenden LITERATURARCHIV und drei Museen zum Thema ein Muss für alle Fans des geschriebenen Wortes. Doch warum gerade Marbach? Weil hier Friedrich Schiller am 10. November 1759 zur Welt kam. Das GEBURTSHAUS, in dem der Sohn eines württembergischen Militärarztes nur vier Jahre lebte, beherbergt eine Ausstellung zu seiner Kindheit. Ein Denkmal südlich der Altstadt erhielt Schiller 1876 – da war der Dichter- und Dramatikerfürst bereits lange tot. Hinter der Statue erstreckt sich das SCHILLER-NATIONALMUSEUM, das sein Werk mit Originalmanuskripten, Briefen und Skulpturen würdigt. Die bis 2024 neu gestaltete Dauerausstellung widmet sich Schiller als politischem Schriftsteller.

Das LITERATURMUSEUM DER MODERNE nebenan erzählt die Geschichte der Poesie von 1899 bis 2011 mit 187 spektakulären Exponaten. Ein handgeschriebenes Gedicht Else Lasker-Schülers mit ihrer Zeichnung der Traumstadt Theben ist zu sehen, ebenso Franz Kafkas zorniger Brief an den Vater, den er nie abgeschickt hat. Kurios: das private Fotoalbum Hermann Hesses, das den Dichter beim Nacktklettern zeigt. Hesses kompletter Nachlass findet sich – wie der von Mascha Kaléko, Martin Heidegger und zahllosen weiteren Dichtern sowie eine große Kafka-Sammlung – im DEUTSCHEN LITERATURARCHIV gegenüber. Mit 13,3 Kilometer Archivregalen und einer umfangreichen Bibliothek ist es eine unerlässliche Anlaufstelle für Forscherinnen und Forscher.

BUCHHANDLUNG

Das ist mal ein gebührender Rahmen: Die BUCHHANDLUNG TAUBE in der Marbacher Altstadt ist in einer ehemaligen Kirche zu finden. Genauer gesagt in der um 1433 von einem reichen Kaufmann gestifteten Wendelinskapelle. Unter imposanten spätgotischen Spitzbögen gibt es Bücher aller Art – der Schwerpunkt: Lebensqualität.

Oben: Das Literaturmuseum der Moderne beweist: Viele große Poesie hat als Gekritzel begonnen. Unten: Ein Muss für Literaturstudierende – und alle Fans von Franz Kafka ist das Deutsche Literaturarchiv.

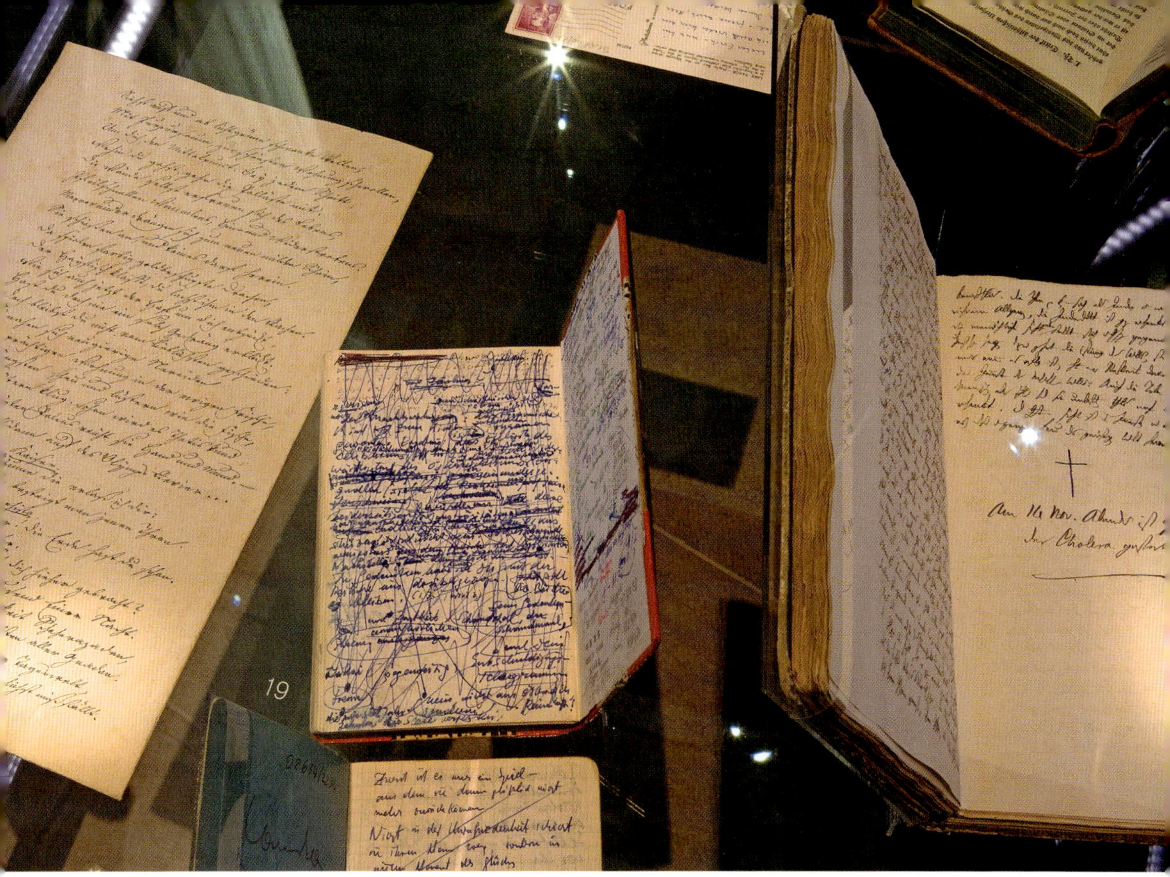

BIBLIOTHEK

Weiße Kulturkathedrale

DIE STADTBIBLIOTHEK AM MAILÄNDER PLATZ IN STUTTGART

Mitten in der Stuttgarter STADTBIBLIOTHEK steht über einem Durchgang das Wort »Welt«. Der Pfeil daneben weist in einen lichtdurchfluteten Korridor, wo schneeweiße Regale Bücher über ferne Länder aufbewahren und der sich nach hinten in Helligkeit verliert. Als befände sich diese mystische Lesewelt in den Wolken. Alles ist weiß in dem würfelförmigen Kulturtempel am Mailänder Platz, den der koreanische Architekt Eun Young Yi bis 2011 erbaut hat: Regale, Wände, Böden, Treppen, Arbeitstische, Bücherkarren und Buchstützen. Eigentlich setzen fast nur die rund 500.000 Bücher und anderen Medien Farbakzente – mit grandioser Wirkung: Im offenen Galeriesaal, der sich über die obersten fünf Stockwerke der Bibliothek erstreckt, schaffen die Bücherwände, die wie Mosaike zwischen der weißen Architektur leuchten, faszinierende Blickbeziehungen.

Wer es bis hierhin geschafft hat, ist wahrscheinlich hinter dem Eingang in einen kathedralenartigen, 14 Meter hohen – natürlich weißen – Raum getreten. Das sogenannte Herz der Bibliothek ist bewusst leer von Büchern und Einrichtung gelassen: Der Geist soll frei werden, sich vorbereiten auf das, was ihn erwartet: Bücher zu allen Themenbereichen, die studiert, gelesen und ausgeliehen werden können, dazu Filme, Karten, Noten, Tonträger, Grafiken und vieles mehr. Im neunten Stock gibt es außerdem das CAFÉ LESBAR mit Speisen und Getränken. Und von der Dachterrasse einen großartigen Blick auf Stuttgart.

Als wäre jeder einzelne Band bewusst platziert. In der Stuttgarter Stadtbibliothek am Mailänder Platz sind die Bücher in die federleichte Innenarchitektur integriert.

FRIEDHOF

Der stille HOPPENLAUFRIEDHOF im Stuttgarter Zentrum eignet sich für einen Spaziergang durch die Literatur vergangener Jahrhunderte. Neben vielen anderen ruhen hier der Schriftsteller Wilhelm Hauff, der Märchen wie *Zwerg Nase* und *Das kalte Herz* ersann, der Journalist Christian D. F. Schubart, der für seine kritischen Texte verhaftet wurde, und die große Scherenschnittkünstlerin Luise Duttenhofer

---

Fantastische Bücherrätsel

... UND WIE SIE – VIELLEICHT – ZU KNACKEN SIND

Manche Bücher stecken voller Geheimnisse und versteckter Botschaften. Um ihren Mysterien auf die Spur zu kommen, sollen Menschen schon Morde begangen haben ...

Splendor solis (oder *Sonnenglanz*, u.) ist ein geheimnisvolles bebildertes Traktat aus dem 15. Jahrhundert. Es beschreibt in niederdeutscher Sprache, wie der sagenhafte »Stein der Weisen« herzustellen sei. 21 Exemplare dieser **alchemistischen Handschrift** sind weltweit bekannt.

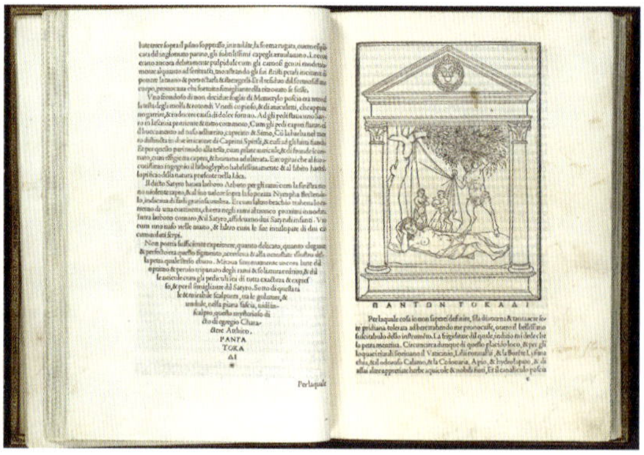

Die vielfach verrätselte Liebesgeschichte *Hypnerotomachia Poliphili* (o., in deutscher Übersetzung etwa: *Der Liebeskampftraum des Poliphilo*) hat wahrscheinlich der Dominikanermönch **Francesco Colonna** verfasst. Gedruckt wurde das Buch 1499 von Aldo Manuzio. Der Venezianer griff auf die Schriftgestaltung der alten Römer zurück und setzte Maßstäbe bei der harmonischen Kombination der grafisch gestalteten Texte mit den Holzschnitten des Künstlers Giovanni Bellini. Vielen gilt die *Hypnerotomachia Poliphili* als schönstes je gedrucktes Buch.

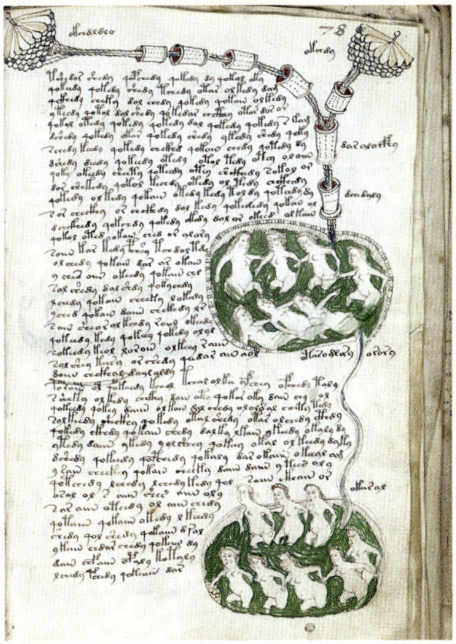

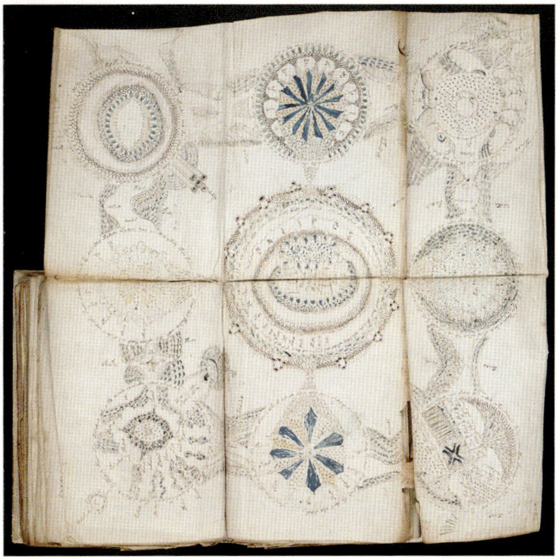

Das mysteriöseste aller Bücher ist das *Voynich-Manuskript* (o. l. und r.) – ein **Unikat**, das die US-amerikanische Yale University verwahrt. Einer seiner Vorbesitzer soll Kaiser Rudolf II. (1552–1612) gewesen sein.

Bislang konnte niemand seine seltsamen, unbekannten Schriftzeichen entschlüsseln. Auch die Illustrationen – etwa Frauen, die in mit Röhren verbundenen Becken baden (o. l.) – geben Rätsel auf.

Der italienische Sprachzauberer **Umberto Eco** verfasste 1980 den historischen Krimi *Der Name der Rose* (u.). Darin löst Aristoteles' geheimes zweites Buch der *Poetik* eine Mordserie aus. Niemand hat dieses Buch je gesehen. Aristoteles (r.) hatte zwar selbst ein solches Buch über die Kunst der Komödie angekündigt. Doch ob er es tatsächlich jemals verfasst hat? Wer weiß ...

WEITERE

Ein einziger Literaturpfad

BUCHVERLIEBTE FUNDE IN TÜBINGEN

Einen offiziellen TÜBINGER LITERATURPFAD mit 40 Stationen, Begleitband und App gibt es zwar auch. Aber eigentlich ist ein Spaziergang durch die Gassen der Universitätsstadt vom Neckar hoch zum Schloss ein einziger Entdeckerpfad durch die Welt des Buches. Das beginnt schon beim Stromkasten vor der Stiftskirche. Er ist im Airbrush-Stil mit dem nachdenklichen Gesicht Hermann Hesses gestaltet. Der Ort passt: Nur wenige Schritte weiter, in der Traditionsbuchhandlung HECKENHAUER, begann Hesse im Jahr 1895 als 18-Jähriger eine Lehre. Nach einer rebellischen Jugend verpackte der angehende Buchhändler drei Jahre lang Pakete, sortierte Rechnungen und fegte die Stube. Nachts zog er sich, wie er es selbst nannte, ins Innere der Bücher zurück, las und schrieb. Seine erste Veröffentlichung, der Gedichtband *Romantische Lieder*, den er in einem Zuschussverlag herausbrachte, entstand hier. Heckenhauer ist heute ein uriges Antiquariat, in dem nicht nur Hesse-Fans Schätze heben können. Geführt wird es von Roger Sonnewald – einem Nachfahren von Hesses Lehrmeister vor 130 Jahren.

Das auf der gleichen Etage des Hauses eingerichtete HESSE-KABINETT der Stadt Tübingen ist bewusst wie eine Buchhandlung zu Hesses Zeiten gestaltet. Originalzitate aus seiner Tübinger Epoche und eine kleine Ausstellung beleuchten insbesondere die Jugend des späteren Literaturnobelpreisträgers.

Für Hesse war Tübingen ein Intermezzo, für Friedrich Hölderlin ab 1807 tragische Endstation. Nach einem schweren psychischen Zusammenbruch zog der als unheilbar geltende 36-jährige Literat in ein Turmzimmer direkt am Neckar. Hier lebte er weitere 36 Jahre geistig zerrüttet bis zum Tod. Der HÖLDERLINTURM beherbergt heute ein hervorragend kuratiertes Museum, das den Menschen Hölderlin, vor allem aber seine bahnbrechende Dichtung thematisiert. So machen Hörstationen und im Metrum vibrierende Tischplatten die Sprache erfahrbar. Wer eine VR-Brille auf-

Wer Bücher und Literatur nicht leiden kann, darf einen Bogen um Tübingen machen. Alle anderen starten am besten gleich zur Spurensuche: zum Beispiel im Turm am Neckar (o. l.), in dem der geniale Poet Friedrich Hölderlin (o. r.) hauste. Oder im Antiquariat (u.), wo Romancier Hermann Hesse zum Buchhändler wurde.

Hier arbeitete
HERMANN HESSE
als Buchhändler
1895 – 1899
Antiquariat & Galerie
J.J. Heckenhauer
Dienstag - Freitag 14 –18h
Samstag 11 – 17h
Sonntag 14 – 17 h
www.heckenhauer.de
Ernst Jünger
An der Zeitmauer
Hermann Hesse
- Aquarelle -
Ausstellung in der
Kulturhalle
Bei uns finden Sie
Original - Aquarelle
ERICH HECKEL
AUSSTELLUNG IN
BALINGEN
Hesse
Kabinett
Tübinger

VERANSTALTUNGEN

Das TÜBINGER BÜCHERFEST im September ist schon das »Woodstock der Literatur« genannt worden. Ein Wochenende lang gibt es Lesungen in der ganzen Altstadt, dazu einen Antiquariatsmarkt. Im Frühsommer finden in Württemberg noch weitere jährliche FLOHMÄRKTE für gebrauchte Bücher statt: zum Beispiel der Buchmarktplatz in der gesamten Altstadt von Waiblingen (an einem Sonntag) und der Büchermarkt in Kirchberg an der Jagst (an einem Samstag).

setzt, empfindet die Enge in Hölderlins Turm nach und sieht die Ausblicke, die sich ihm auf die Schwäbische Alb eröffneten.

Literarische Stätten reihen sich in Tübingen an Buchläden, Bibliotheken, Antiquariate, Buchbindereien, Papiergeschäfte und vieles mehr. Gleich hinter dem Hölderlinturm betreibt ein engagiertes Team den FRAUENBUCHLADEN THALESTRIS. Die LYRIKHANDLUNG am Hölderlinturm wenige Häuser weiter bietet neben einem liebevoll zusammengestellten Sortiment von Gedichten aus aller Welt auch einen Poesieautomat – ein Poem in der Kapsel kostet 50 Cent. Obendrein macht die Lyrikhandlung einen Traum für Buchverliebte wahr: Wer das Angebot »Nach-Lese« bucht, hat das Geschäft nach Ladenschluss drei Stun-

den für sich allein – bei Käse, Brot und Wein, zum »Entdecken, Lesen, Vorlesen, Genießen und literarisch Feiern«.

Und weiter geht es: Das ANTIQUARIAT BADER in der Wilhelmstraße präsentiert sich als wild wuchernder Lesedschungel aus geschätzten 15.000 Bänden – zwischen Lichtungen, Büchersteilwänden und Bücherschluchten folgt dennoch alles einer Ordnung. Antiquarisches gibt es auch bei MAYRHANS in der zentral gelegenen Haaggasse und – spannend für Kinofans – im BUCH- UND FILMLADEN CALIGARI. Lesestoff aller Art – aber insbesondere zu Spiritualität und Anthroposophie – führt BUCHKAFFEE VIVIDUS beim Nonnenhaus. Dazu gibt es warme und kalte Getränke.

Die BUCHHANDLUNG H. P. WILLI in der Wilhelmstraße hält ein sehenswertes Sortiment literarischer und geisteswissenschaftlicher Titel bereit: Der Schwerpunkt liegt auf Philosophie und Theologie. Ein kleines, modernes Antiquariat gehört dazu.

Das Tübinger Unternehmen OSIANDER geht auf das Jahr 1596 zurück und ist damit nicht nur eine der größten, sondern auch die älteste Buchhandelskette Deutschlands. Ihre Hauptfiliale ist seit 2017 die Niederlassung in der Metzgergasse. Nebenan gibt es einen Osiander nur mit Kinderbüchern. Und die KUNSTHANDLUNG WEKENMANN bietet unter anderem christliche Literatur, Postkarten und Kalender an. REMMI DEMMI hat Comics … und das ist noch längst nicht alles!

Die Buchhandlung Heckenhauer, in der Lehrling Hermann Hesse einst den Boden fegte, gibt es noch immer – heute als Antiquariat (l.). Das Hesse-Kabinett im Nachbarraum (o.) ist bewusst gestaltet wie anno 1895.

MUSEUM

Drucken mit Schwarzwaldfichte

DIE ALPIRSBACHER OFFIZIN

Planwagen brachten Boston-Tiegel einst in den Wilden Westen. Dort wurden diese simplen, per Hand oder Fuß bedienbaren Druckerpressen gebraucht, um Wanted-Plakate zur Verbrecherfahndung zu drucken. Die Boston-Tiegel im Schwarzwaldstädtchen Alpirsbach drucken stattdessen heute Bierdeckel mit dem Abbild der benachbarten Klosterkirche. Die dürfen alle, die das Druckereimuseum in den Räumen der Alpirsbacher Klosterbrauerei besuchen, selbst anfertigen und mitnehmen.

Infotafeln und Tablets mit Filmen zeigen die historischen Geräte in Aktion. Alle sind funktionstüchtig, wie Maite Kilgus, Vorsitzende des Museumsträgervereins erklärt. Zum Beispiel ein originalgetreuer Nachbau der Druckerpresse, mit der Johannes Gutenberg um 1452 die erste Bibel produzierte – gefertigt aus einem 500-jährigen Firstbalken aus Schwarzwaldfichte.

Viele Schätzchen hat der Verein zusammengetragen: Unzählige Lettern in Kästen, Schnelldruckpressen wie den Heidelberger Tiegel, Setzmaschinen wie die Linotype, die Monotype und die transportable Typograf, die oft in Zirkussen und auf Schiffen mitreiste. Vereinsmitglieder betreuen sie liebevoll, fast wie Familienmitglieder. In der Lithografiewerkstatt wird das von Künstlerinnen und Künstlern bevorzugte Flachdruckverfahren auf Stein demonstriert.

Die OFFIZIN ist immer sonntags sowie für angemeldete Führungen geöffnet. Vor Ort lohnen sich auch das Brauereimuseum, die romanische Klosterkirche mit Infozentrum und die Glasbläserei.

Künstlerinnen und Künstler lieben das alte Druckverfahren der Lithografie: In der Steindruckwerkstatt unter der Alpirsbacher Klosterbrauerei ist es hautnah zu erleben.

BÜCHERMARKT

Die Altstadt von Endingen am Kaiserstuhl wird immer am Wochenende nach Christi Himmelfahrt zur Bücherhauptstadt im deutschen Südwesten. Im autofreien »Städtli« bieten dann rund 200 Händler und Privatverkäufer aus Baden-Württemberg, dem Elsass und der Schweiz Antiquarisches, Vergriffenes, Klassiker und Reiseführer, Kochbücher und Romane, Kinderbücher und Krimis – zum manchmal ganz kleinen Preis an.

WEITERE

Die Gedanken sind Freiburg

DAS PARK HOTEL POST UND LITERARISCHE ORTE AN DER DREISAM

Deutschlands südlichste Großstadt ist das ideale Ziel für Lesereisende – und das ganz wörtlich genommen. Denn das PARK HOTEL POST am Freiburger Colombipark hält auf seinen Fluren nicht nur jede Menge Lesestoff bereit. Es inspiriert auch, selbst zur Feder zu greifen. Weil hier in den Jahrzehnten so viele Autorinnen und Autoren Station gemacht haben, entschlossen sich die Inhaberinnen, den seit 1904 bestehenden Betrieb zu einem Literaturhotel umzubauen. Gleich neben der in Bücherregaloptik gestalteten Rezeptionstheke stehen Hunderte von ehemaligen Gästen signierte Bände. Und das Thema Buch zieht sich durch das ganze Haus, denn diese literarischen Gäste sind Patinnen und Paten für jeweils ein Zimmer. Die Tür ist wie ein Buchcover gestaltet, und im Inneren finden sich kalligrafierte Gedichte, Gemälde und Zitate – immer genau passend. Zum Beispiel zum Zimmerpaten Rafik Schami: Der lobte das Park Hotel sogar in seiner Geschichte *Eine deutsche Leidenschaft namens Nudelsalat*. Kinderbuchautorin Kirsten Boie und Schriftstellerin Elke Heidenreich sind Zimmerpatinnen, Satiriker Robert Gernhardt, Sams-Erfinder Paul Maar oder Krimiautor Oliver Bottini und viele mehr. Drei Zimmer sind neutral gestaltet – hier logieren Autorinnen und Autoren gerne selbst.

Dass Freiburg eine Stadt des freien Denkens ist, hat natürlich mit der Universität zu tun, die der österreichische Erzherzog Albrecht VI. um 1457 gründete. Das sehenswerte UNISEUM im historischen Jesuitenkolleg, das von Studierenden betreut wird, erzählt von ihrer Geschichte. Im Kellergewölbe ist eine Hörsaalszenerie aus alter Zeit plastisch nachgestellt. Das Kabinett des Staunens hält sich Rares und Skurriles aus den Magazinen der Uni – wie Napoleons Totenmaske, ein Schildkrötenpanzer und eine Vielflächen-Sonnenuhr – bereit. Auch eine etwas

Wer mehr über ein halbes Jahrtausend Freiburger Gelehrsamkeit wissen möchte, macht sich im spannenden Universitätsmuseum, kurz Uniseum, schlau (o. l. und u.). Literarisch eingecheckt wird im Park Hotel Post (o. r.).

Kabinett des Staunens

BIBLIOTHECA
ACADEMICA

BIBLIOTHEK

Im Schwarzwalddorf Oberried wartet eine geheimnisvolle KLOSTERBIBLIOTHEK darauf, entdeckt zu werden. Fast 200 Jahre waren die rund 1500 wertvollen Bände – teils aus der Inkunabelzeit – in einer Kammer vor Plünderungen und Kriegen versteckt, bis sie 1995 ans Licht der Öffentlichkeit kamen. Heute können sich Interessierte auf der Website der Klosterbibliothek für eine Führung anmelden.

makabre Sammlung von »Moulagen« – Wachsnachbildungen menschlicher Körperteile als Anschauungsmaterial für das Medizinstudium von anno dazumal – gehört zum Uniseum. Eine Ratespielwand zeigt, dass Geistesgrößen wie der Schriftsteller Alfred Döblin oder die Philosophin Edith Stein dereinst in Freiburg studierten. Thematisiert wird auch die Zeit des Nationalsozialismus.

Oben: Historische Gebäude wie das Theater spiegeln sich in der Fassade der Universitätsbibliothek Freiburg. Rechts: Buchhandlung, Antiquariat und um die Ecke ein Café – Jos Fritz in der Freiburger Wilhelmstraße

Die 2015 eröffnete UNIVERSITÄTSBIBLIOTHEK mit ihrer spiegelnden Glasfassade ist mittlerweile ein Wahrzeichen am Rand der Altstadt. Sie hält fast 3,5 Millionen gedruckte Medien, darunter 4050 Handschriften und Autografen, 3456 Inkunabeln aus der Frühdruckzeit vor dem Jahr 1500 und 147 Papyrusfragmente vor.

Im ältesten Gebäude der Universität residiert das 2017 gegründete Freiburger LITERATURHAUS. Sein Träger ist ein Verein aus Autorinnen und Übersetzern, die hier auch zu Werkstattgesprächen zusammenkommen. Lesungen, Diskussionen, Workshops auf der hauseigenen japanischen Siebdruckpresse, Ausstellungen und vieles mehr gehören zum Programm. Mit der Aktion »Freileser« besucht das Literaturhaus junge Buchverliebte direkt: Das zum mobilen Lesekiosk umgebaute Lastenfahrrad steuert Bolzplätze und Freibäder an und hat jede Menge Comics, Bilderbücher und Gedichtbände sowie Sachbücher im Gepäck.

Nicht nur bei schlechtem Wetter gibt es tolle Kinder- und Jugendliteratur im FUNDEVOGEL – einem Raum zum Träumen mit Spielecke und Schaukelpferd. Die BUCHHANDLUNG ZUM WETZSTEIN in einem um 1100 erbauten Haus gehört zu Deutschlands besonderen Bücherläden. 1978 gegründet, wurde sie 2020 nach vorübergehender Schließung mit verändertem Raumkonzept am gleichen Ort wiedereröffnet. Hier haben schöne Literatur, Rares, Bibliophiles, Antiquarisches, kalligrafische Kunstwerke, Erstausgaben und Grafiken einen besonderen Ort gefunden, der auch für seine Buchvorstellungen beliebt ist. Die BUCHHANDLUNG UND ANTIQUARIAT JOS FRITZ, benannt nach dem Freiburger Helden der Bauernaufstände, wurde 1975 als politische Buchhandlung gegründet. Heute ist sie vor allem eine gute Adresse für alle, die nach Büchern aus kleinen Verlagen und abseits des Mainstreams suchen.

DOQ
DILECTO ARCHI
PRESVLI PILI
GRIMO

MUSEUM

Meisterliche Handschriften

DAS MUSEUM REICHENAU

Mittelalterliche Handschriften gehören zu den faszinierendsten Büchern überhaupt. Und niemand fertigte meisterlichere als die Mönche auf der Bodenseeinsel Reichenau. Um 724 gründete der heilige Pirmin das Kloster, nachdem er Kröten und Schlangen vom Eiland verscheucht und danach Disteln und Sträucher ausgehackt hatte – so die Legende. Die Benediktinermönche, die ihm folgten, legten Gärten an: Noch heute prägt der Gemüseanbau die Reichenau. Berühmt aber wurde die Klosterinsel – seit 2000 ist sie UNESCO-Weltkulturerbe – durch ihr Skriptorium, die Schreibstube. Zwischen 800 und 1100 n. Chr. waren Kaiser und Päpste regelrecht verrückt nach den Werken, die Reichenauer Schreiber Buchstabe für Buchstabe kopierten, Rubrikatoren mit schnörkeligen Initialen versahen und Buchmaler mit meisterhaft goldglänzenden Miniaturen illustrierten.

Für die Abtei St. Gallen skizzierten sie einen Klosterplan – den ersten seiner Art.

Emsige Reichenauer Mönche haben unbeschreibliche Schätze der Buchkunst geschaffen – hier der Tonarius des Abtes Berno aus dem 11. Jahrhundert.

Wie er aussah, ist im MUSEUM REICHENAU inmitten der Insel zu erfahren. Die zum Klosterjubiläum 2024 neu gestaltete Dauerausstellung vermittelt mit multimedialen und interaktiven Elementen die Geschichte des bis 1757 bestehenden Klosters und seiner Schreibstube. Weltberühmte Reichenauer Handschriften wie die *Bamberger Apokalypse* und der *Egbert-Kodex* sind als Faksimiles präsentiert. Im Dachgeschoss findet sich ein echtes Skriptorium. Hier dürfen Erwachsene und Kinder bei Workshops die Kunst der Kalligrafie, des schönen Schreibens, erlernen.

LITERATURCAFÉ

Wer vom Museum zum Münster und den neu angelegten Klostergärten – sie erinnern an den Abt Wahlafrid Strabo und sein Kräutergedicht *Hortulus* von 840 – schlendert, kommt an Tausenden Büchern vorbei. Sie zieren das LITERATUR- UND MUSEUMSCAFÉ REICHENAU, das vom Chilenen Patricio García geführt wird, und sind zum Ausleihen, Tauschen oder einfach zum Schmökern gedacht: natürlich bei einer Tasse Kaffee oder einem Glas Wein.

B

BIBLIOTHEK

Fälscherkrimi im Bücherhimmel

DAS KLOSTER WIBLINGEN BEI ULM

Tatort KLOSTER WIBLINGEN, 18. Jahrhundert. In einer schummrigen Ecke der Schreibstube kratzt Benediktinermönch Martinus Mack mit einer Feder Ziffern in eine Handschrift: »1384/1385«. Und narrt mit dieser gefälschten Eintragung die Mitwelt. Konnte eine so alte Handschrift des Werks *Imitatio Christi* existieren? War vielleicht sogar die Annahme, deren Verfasser Thomas von Kempen sei erst 1380 geboren, falsch? Viele glaubten Mack, der als Bibliothekar die 15.000 Bände des Klosters hütete, und pilgerten in das Kloster, um die vermeintlich uralte Handschrift zu bestaunen. Erst Buchdetektiv Giuseppe Garampi, geschickt vom Vatikan, überführte den Betrüger, dem es um die Aufmerksamkeit für seine Büchersammlung gegangen war.

Dabei hat dieses spätbarocke Märchenreich der Bücher – eine der schönsten Bibliotheken weltweit – Werbung gar nicht nötig: Farbenprunk in Blau, Rot, Gold und Weiß, Schnitzereien und Statuen, ein dreidimensionaler Marmorboden, dazu ein gewaltiges Deckengemälde, das wie ein Wimmelbild Geschichten von der Weisheit erzählt. Die Treppenaufgänge zur Galerie sind gekonnt hinter Regalen versteckt. Weil die originalen Bücher des Klosters um 1806 während der Säkularisation geplündert worden sind, zieren heute Bände aus alten Pfarrbibliotheken die Borde. Ein kleines angeschlossenes Museum erklärt die Buchmalerei in Klöstern wie Wiblingen oder dem 50 Kilometer entfernten SCHUSSENRIED. Dessen barocke Prachtbibliothek lohnt ebenfalls einen Abstecher.

MUSEUM

Im nahen Blaubeuren räkelt sich eine steinerne Nixe am Ufer des schimmernden Quelltümpels Blautopf. Es ist *Die schöne Lau*, deren Historie Autor Eduard Mörike um 1853 schrieb. Das kleine Literaturmuseum SCHUBARTSTUBE ist nur wenige Schritte entfernt und nach Anmeldung zugänglich. Es würdigt den rebellischen Schriftsteller Christian F. D. Schubart, der 1777 hier verhaftet wurde.

Die Klosterbibliothek im Ulmer Vorort Wiblingen ist der märchenhafte Traum aller Buchverliebten. Das Deckenfresko erzählt wie ein gewaltiges Wimmelbuch von Weisheit und Gelehrsamkeit.

Fantastische Museen

... RUND UM DIE BUCHHERSTELLUNG UND WO SIE ZU BESUCHEN SIND

Wie kommen Bücher eigentlich auf und in die Welt? Die folgenden Museen erlauben aufregende Einblicke und lassen Büchermachern über die Schulter gucken.

Das DEUTSCHE TECHNIKMUSEUM in **Berlin** präsentiert in seinen Abteilungen zu Druck und Papier Exponate aus seinen riesigen Sammlungen – zum Beispiel Hunderte Schreibmaschinen (o. und u.) – und führt alte Herstellungsverfahren vor.

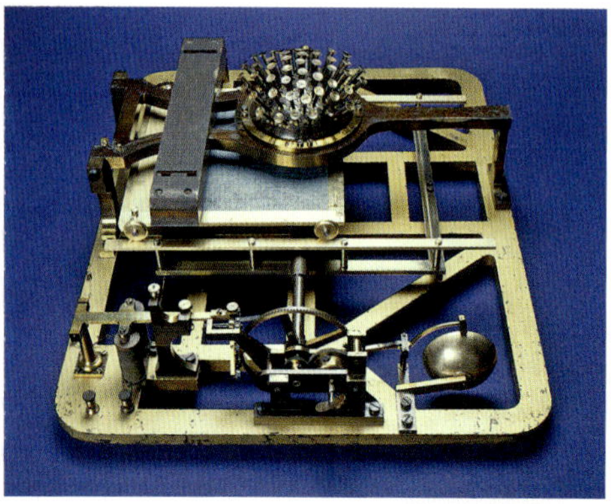

Das MUSEUM FÜR KOMMUNIKATION, ebenfalls in **Berlin**, zeigt, wie Menschen über Jahrtausende miteinander in Verbin-

dung traten: mit einem ägyptischen Papyrusfragment aus dem 3. Jahrhundert v. Chr., mit Briefen und Postkutschen (o.), Büchern, Telefonveteranen ... oder den allzeit gegenwärtigen Onlinenetzwerken der Jetztzeit.

Im PAPIERMUSEUM in **Düren** (o.) ist zu erfahren, wie das Grundmaterial für Bücher früher hergestellt wurde – und wie das im Vergleich dazu heute passiert. Sehenswert ist auch die große Sammlung von Wasserzeichen und Kunstobjekten aus Papier.

Im **Leipziger** Stadtteil Plagwitz können Interessierte die »schwarze Kunst« live erleben. Das MUSEUM FÜR DRUCKKUNST (u.) präsentiert 100 funktionierende Geräte für Druck, Satz, Schriftguss und Buchbinderei.

Historische Federkiele, Füller und Schreibgeräte aller Art (o.) zeigt Martin Heickmanns MUSEUM FÜR SCHREIBKULTUR UND KALLIGRAFIE im oberbergischen **Wiehl**. Das Museum in einem alten Kirchgut ist nur nach Vereinbarung geöffnet.

Das DEUTSCHE ZEITUNGSMUSEUM (r.) im saarländischen **Wadgassen** informiert über die Geschichte der Zeitung und des Drucks und zeigt neben Geräten auch eine *Lutherbibel* aus dem Jahr 1560.

BRECHTHAUS

BRECHT-Lounge

MUSEUM

Bühnenpremiere in Augsburg

DAS BRECHT-HAUS

Bertolt Brecht war das große deutsche Theatergenie des 20. Jahrhunderts. Und Augsburg war seine erste Bühne. Die Dauerausstellung im Haus zwischen zwei Lechkanälen, wo Eugen Berthold Friedrich Brecht am 10. Februar 1898 als Sohn eines leitenden Angestellten zur Welt gekommen ist, erzählt von einer Karriere, die hier begann. Sie zeigt den kriegskritischen Schulaufsatz von 1916, für den Brecht fast vom Gymnasium geflogen wäre, und eine Ausgabe der Schülerzeitung *Die Ernte*, die er herausgegeben hat. Als junger Mann trat er in Münchner Kneipen als Balladensänger auf. Die Uraufführung seines Theaterstückes *Trommeln in der Nacht* 1922 an den Münchner Kammerspielen bescherte ihm den Durchbruch.

Das Museum zeichnet den Weg des Bühnenautors und Regisseurs nach: In Berlin triumphierte Brecht 1928 mit seiner *Dreigroschenoper* und der Methode des epischen Theaters. Doch die Nazis trieben ihn ins Exil.

Im Lechviertel, Augsburgs malerischster Ecke, kam Bertolt Brecht 1898 zur Welt. Das Museum zeichnet seinen Weg zum bahnbrechenden Dramatiker nach, der ihn um die halbe Welt führte.

BIBLIOTHEKEN

Das bayerische Voralpenland ist ideal für eine Reise zu exquisiten alten Kloster- und Ratsbibliotheken: Unbedingt sehenswert sind die Bibliotheken in der ABTEI OTTOBEUREN, ST. MANG in Füssen, KLOSTER ROGGENBURG, die STUDIENBIBLIOTHEK DILLINGEN an der Donau und die REICHSSTÄDTISCHE BIBLIOTHEK LINDAU.

Eine Karte zeigt neun Länder, in denen er gelebt hat, ehe er 1948 in den Osten Deutschlands zurückkam. Mit der Uraufführung von *Mutter Courage und ihre Kinder* 1949 in Berlin knüpfte Bert Brecht – so nannte er sich mittlerweile – an alte Erfolge an. Das Museum zeigt ein Bühnenbildmodell.

1956 starb der Autor in Ostberlin: Ausgestellt ist seine Totenmaske. Den weltweit einzigen Brecht-Shop gibt es übrigens in der BUCHHANDLUNG AM OBSTMARKT – mit Büchern, Tonträgern, Kalendern und mehr rund um den dramatischen Augsburger. Gleich gegenüber: die Kneipe BRECHT'S BISTRO.

MUSEUM

Rätsel um einen Ritter

DAS MUSEUM WOLFRAM VON ESCHENBACH

»Waz wirret dir – was fehlt dir?« Hätte der unbedarfte Ritter Parzival dem kranken Gralskönig doch nur diese eine Frage gestellt! Er hätte ihn damit erlöst. Wie Parzival die entscheidende Frage verpasst, nach vielen Abenteuern eine zweite Chance bekommt, den König heilt und schließlich selbst den Heiligen Gral erlangt, erzählte der Minnesänger Wolfram von Eschenbach um das Jahr 1200 in seinem Versroman *Parzival*. Dem Dichter, der auch den Kreuzzugroman *Willehalm*, das Epenfragment *Titurel* und Minnelieder verfasst hat, spürt das Museum im alten Rathaus seines fränkischen Heimatstädtchens nach.

Seit 1917 heißt es Wolframs-Eschenbach, zu Ehren des Dichters. Ob jener wirklich hier lebte, ist allerdings nicht zu 100 Prozent belegt – wie so vieles im Leben Wolframs. Zwar schrieb er in seinen Dichtungen selbst, er komme aus einem Ort namens Eschenbach, doch historische Dokumente über ihn fehlen. Mit dieser Unklarheit und der Frage, ob man Literatur überhaupt ausstellen kann, spielt das Museum. Ausgeklügelte Raum-, Licht- und Klanginstallationen lassen Zimmer für Zimmer in die Welt des Mittelalters, der Minnedichtung, der blutigen Kriege und höfischen Riten eintauchen. Lanzen bilden einen Wald. Figuren aus *Parzival* hängen auf Tarotkarten als Mobile von der Decke. Und eine Installation zeigt das Grab des Dichters, umringt von Buchausgaben seiner Werke. Es ist leer … denn niemand weiß, wo Wolfram von Eschenbach starb.

BUCHHANDLUNG

Die inhabergeführte BUCHHANDLUNG ZUM GRÜNEN BAUM in der Altstadt von Dinkelsbühl ist etwas Besonderes: Das historische Bauwerk, in dem jetzt auf zwei Stockwerken Bücher wohnen – darunter viel Vergriffenes und Seltenes – war einst ein Gasthaus. Nicht nur die Wursthaken in der früheren Küche zeugen davon. In Spalt betreibt der gemeinnützige Flohmarktverein BUCH RETTET LEBEN ein Antiquariat.

Ein Tarotkarten-Stammbaum erklärt die komplizierten Verwandtschaftsbeziehungen in Wolfram von Eschenbachs Gralsritterepos *Parzival*. Das Museum in Mittelfranken geht unkonventionelle Wege.

Besuch bei Sams und Apfelhexe

DIE STAATLICHE BIBLIOTHEK UND WEITERE BÜCHERABENTEUER IN BAMBERG

Die Weltkulturerbestadt Bamberg ist auf sieben Hügeln erbaut. Auf dem bekanntesten thront der romanische Dom, dessen Grundstein der spätere römisch-deutsche Kaiser Heinrich II. im Jahre 1004 gelegt hat. Gleich gegenüber – in den Gemächern der Neuen Residenz– findet sich mit der STAATSBIBLIOTHEK BAMBERG eine der malerischsten historischen Büchersammlungen Deutschlands. Die prächtigsten Räume dieser Bibliothek sind allerdings nur bei kostenlosen Führungen zugänglich, die monatlich einmal (immer samstags) angeboten werden.

Ein Gewölbezimmer mit Lederbänden aus mittelalterlichen Klosterbeständen, die zwischen hölzernen Balustraden und Treppchen in geschnitzten Regalen ruhen, beschwört die fromme Epoche herauf, als Bamberg mit Clemens II. sogar den Papst stellte. Der ausgedehnte Bibliothekssaal im Obergeschoss mit seiner Stuckdecke und antiken Globen vor weißen Folianten kontrastiert mit dem Nachbarraum. Dort bezaubert eine höfische Rokokobibliothek aus dem Jahr 1800 mit 11.000 kleinformatigen, goldgeprägten Bänden aus hochwertigem Kalbs-, Rinder-, Schaf- und Ziegenleder das Auge.

Täglich zugänglich ist dagegen der große Lesesaal unter hellem Barockgewölbe. Hier können mit Fensterblick auf den Rosengarten – Bambergs idyllische Attraktion – die Bestände der Staatsbibliothek genutzt werden. Sie umfassen mehr als eine halbe Million Bände, darunter auch weltweit einzigartige Handschriftenschätze, die eine interaktive Medienstation im Eingangsbereich präsentiert: beispielsweise das *Lorscher Arzneibuch* von 800 – das wohl älteste abendländische Werk zur Heilkunde. Oder eine Textsammlung aus dem 12. Jahrhundert mit dem Bamberger Schreiberbild, der weltweit ersten Darstellung von Mönchen bei der Herstellung von Büchern.

Umfangreich ist die Sammlung der Bibliothek mit Werken des romantischen Autors, Zeichners und Komponisten Ernst Theodor Amadeus, kurz E. T. A., Hoffmann.

In der Bamberger Neuen Residenz warten nicht nur einige der schönsten Bibliothekssäle Europas, sondern auch unschätzbare bibliophile Juwelen wie das *Lorscher Arzneibuch* aus dem Jahr 800.

Der Meister des Fantastischen und Abgründigen wurde 1776 in Königsberg geboren und starb 1822 in Berlin. Die meisten Spuren hinterließ er jedoch in Bamberg, wo er als Kapellmeister wirkte: Hier gibt es Standbilder, ein nach ihm benanntes Theater und jenen Türklopfer mit dem Gesicht der Apfelhexe, den Hoffmann im Märchen *Der goldne Topf* verewigte. Das Museum in HOFFMANNS WOHNHAUS ist allerdings bis voraussichtlich 2026 wegen Sanierungsarbeiten geschlossen.

Einen festen Platz hat Bamberg in der Kinderliteratur als Ort, in dem das *Sams* Herrn Taschenbier besucht. Sams-Autor Paul Maar lebt in der Domstadt, die Filme um das liebenswerte Rüsselwesen wurden hier gedreht: Das SAMS-HAUS in der Judengasse kann zumindest von außen bestaunt werden. Toll zum Klettern und Plantschen ist der Sams-Spielplatz vor der früheren Baumwollspinnerei Erba auf dem Gelände der Landesgartenschau 2012.

Schlichtweg zum Buchverlieben sind die sieben verwinkelten Räume des ANTIQUARIATS LORANG nahe dem Alten Rathaus. Eine derart umfangreiche und penibel sortierte Auswahl antiquarischer Bücher aller Preisklassen sucht ihresgleichen. Im Herbst 2026 zieht der Laden in nahe gelegene Räume um.

In Bamberg wurden die »Sams«-Filme gedreht (o.). Hier lebt auch der Schöpfer der zwölf *Sams*-Bücher, Paul Maar. Calibri Buch & Café in Cadolzburg (r.), auf Social Media aka »Janas kleine Buchhandlung«

Antiquarische Werke auf höchstem Niveau bietet auch das auf Anmeldung geöffnete ANTIQUARIAT DIETER ZIPPRICH bei der Altenburg an. Neben bibliophilen Raritäten ist hier auch handgefertigtes Buntpapier – unerlässlich zum Buchbinden – erhältlich.

Am Katzenberg unterhalb des Doms führt Tom Heilmann einen kleinen, ansprechend hell gestalteten Laden mit ausgesuchter Belletristik und Kinderbüchern. Er heißt nach seinem Inhaber HERR HEILMANN. Die BUCHHANDLUNG COLLIBRI nahe der Universität entstand in den 1970er-Jahren als Kollektiv. Heute führt sie Inhaber Thomas Zölch-Buba als Ort für weltoffene, wache Geister, die besondere Bücher lieben. Das moderne ANTIQUARIAT FUNDEVOGEL gegenüber bietet Lesestoff zum reduzierten Preis. Stipendiatinnen und Stipendiaten aller Kunstrichtungen wohnen temporär im internationalen Künstlerhaus VILLA CONCORDIA am Ufer der Regnitz. Regelmäßig präsentieren sie ihre Werke in Gratisveranstaltungen.

BUCHCAFÉ

Burg Cadolzburg nahe Fürth ist eine waschechte Ritterburg mit Türmen, Gemächern und allem, was zum spannenden Familienausflugsziel gehört. Am Cadolzburger Marktplatz gleich bei der Steinbrücke, die zur Burg führt, ist CALIBRI BUCH & CAFÉ ein Ort zum Verlieben. In urgemütlichen 45 Quadratmetern hält Inhaberin und Buchbloggerin Jana Brammer, Jahrgang 1999, Lesestoff, Getränke und Kuchen bereit.

MUSEUM

Bücherjäger und Sammler

DAS MUSEUM OTTO SCHÄFER IN SCHWEINFURT

Seltene Bücher sind ein großartiges Sammelgebiet. Aber nicht alle besitzen einen so dicken Geldbeutel wie der Industrielle Otto Schäfer (1912–2000) aus Schweinfurt. Er trug eine der bedeutendsten Privatbibliotheken Europas zusammen, die heute in einem einzigartigen Museum zu bestaunen ist. Der flache Bau, Schäfers einstige Villa, beherbergt große Teile der Sammlungen, die teilweise ständig in Vitrinen präsentiert werden, teilweise im unterirdischen Depot lagern. Regelmäßige Sonderausstellungen und Veranstaltungen wie Lesungen und Konzerte ergänzen das Museumsprogramm.

Auch, wenn einzelne Stücke der Bibliothek in den vergangenen Jahren verkauft wurden, erregt das Museum immer noch Aufsehen: Neben kompletten alten Schweinfurter Kirchen- und Ratsbibliotheken, nahezu sämtlichen Druckgrafiken Albrecht Dürers, zahllosen Erstausgaben und kostbar eingebundenen Werken umfasst es knapp 500 illustrierte Bücher, die vor 1600 entstanden. Spektakulär sind beispielsweise mehrere Blockbücher: Sie wurden mithilfe von Holzblöcken gedruckt, noch ehe Johannes Gutenberg 1440 den Buchdruck mit beweglichen Lettern erfand.

Der *Theuerdank* von 1517, Deutschlands erstes bibliophiles Buch, in dem Kaiser Maximilian I. von seinen Abenteuern erzählt; Sebastian Brants Parodie *Das Narrenschiff* in einer Ausgabe von 1497; eine Luxusausgabe des *Römischen Carneval*, die zu Lebzeiten ihres Dichters Johann Wolfgang von Goethe entstand ... für Bibliophile ein Muss!

KÄSTNER-BIBLIOTHEK

Erich Kästner, Satiriker, Romancier und Autor intelligenter Kinderbücher wie *Emil und die Detektive*, starb 1974. Seine Schreibmaschine und Brille, sein Hut, sein Ohrensessel und 10.000 Bücher aus seiner Münchner Wohnung stehen heute in der gemütlichen ERICH-KÄSTNER-BIBLIOTHEK. Sie gehört zum Kinderdorf in Oberschwarzach, welches Kästners Wohnungsinventar geerbt hat, und kann auf Anfrage besichtigt werden.

Der Schweinfurter Industrielle Otto Schäfer liebte Bücher über alles – und konnte sich die kostbarsten Exemplare leisten: zum Beispiel den Abenteuerroman *Theuerdank* (o. r.).

PEGEL
STAND

MUSEUM

Tick, Trick, Track und Schiller

DAS ERIKA-FUCHS-HAUS FÜR COMIC UND SPRACHKUNST IN SCHWARZENBACH A. D. SAALE

Grummel! Schluck! Knurr! Fans der Comics rund um *Donald Duck* und *Micky Maus* kennen diese verkürzten Verbformen bestens. Sie haben sogar einen Namen dafür gefunden: »Erikativ« – in Verehrung für Erika Fuchs (1906–2005), Kunsthistorikerin und langjährige Übersetzerin der Walt-Disney-Comics ins Deutsche. In Schwarzenbach an der Saale, wo die Chefredakteurin des *Micky-Maus-Magazins* mehr als 70 Jahre lebte, steht das ERIKA-FUCHS-HAUS.

Viele Mitmachstationen erklären dort die Entwicklung des Mediums Comic und zeigen, welchen Beitrag Fuchs mit ihren Sprechblasentexten voller Wortwitz und Lautmalereien dazu geleistet hat. Was sie den Bewohnern des von Zeichner Carl Barks geschaffenen Kosmos Entenhausen in den Schnabel legte, war mitunter intelligenter und hintergründiger als die englischsprachigen Vorlagen. Ein Ratespiel mit Comic-Panels zum Umdrehen beweist, dass die gebürtige Rostockerin sich dabei sogar der hohen Literatur bediente: Wenn Donalds Neffe Trick beim Anblick eines brennenden Hauses ausruft »Seht den Himmel, rot wie Blut – das ist nicht des Tages Glut«, so zitiert er damit …? Richtig! Schillers *Lied von der Glocke*. Highlight im Museum ist eine begehbare Version der Stadt Entenhausen. Kinder können es Dagobert Duck gleichtun und im Geldspeicher ein Bad in Talern – hier aus Plastik – nehmen. Kenner vertiefen sich in den detaillierten Stammbaum der Familie Duck. Alle anderen genießen den Riesenspaß!

WANDERWEG

Wortwitz im Stil von Erika Fuchs wäre genau das Ding des Satirikers Jean Paul (1763–1825) gewesen. Der 200 Kilometer lange JEAN PAUL WEG folgt im Frankenwald, Fichtelgebirge und in der Fränkischen Schweiz seinen Lebensstationen von Joditz bis zum Felsengarten Sanspareil. In Bayreuth ist dem Sprachkünstler zudem ein Museum nahe Richard Wagners berühmter Villa Wahnfried gewidmet.

Einmal im Geld baden wie der Fantastilliardär Dagobert Duck? Im Erika-Fuchs-Haus, dem unterhaltsamen Museum für Comic und Sprachkunst, ist das problemlos möglich.

BIBLIOTHEK

Begehbare Bücherkrippe

DIE STIFTSBIBLIOTHEK WALDSASSEN

Die STIFTSBIBLIOTHEK WALDSASSEN gehört zu den meistbesuchten Sehenswürdigkeiten der Oberpfalz. Ihre barocke Zauberpracht hebt sie selbst unter den vielen bayerischen Klosterbüchereien heraus. Die kunstvollen Schnitzereien des Holzbildhauers Johann Karl Stilp aus den Jahren 1724 bis 1726 erinnern an eine riesige Weihnachtskrippe. Vor, unter und über den verschlungenen Bücherregalen tummeln sich die hölzernen Häupter antiker Persönlichkeiten wie Sokrates, Cicero und Nero. Groteske Männerfiguren, die Eselsohren, einen Hut in Form eines Vogels oder Mäuse im Bart tragen, stützen die Balkonbrüstungen. Diese Karikaturen stellen Buchmenschen wie einen Drucker, einen Schriftsteller oder einen Leser dar.

Den 52 Meter langen Saal überwölben Deckenfresken mit Szenen aus dem Leben des Zisterzienser-Heiligen Bernhard von Clairvaux. Die Bibliothek mit Tausenden weißen Lederbänden gäbe ein perfektes Motiv ab, hätten die Nonnen, die im Kloster Waldsassen leben, das Fotografieren bei Führungen nicht untersagt. Zisterzienserkloster sind als Orte der Stille und Zurückgezogenheit angelegt. So auch hier, im abgelegenen Tal des Flüsschens Wondreb, wo sich Zisterziensermönche 1133 niederließen. Nachdem das Kloster im Laufe der Jahrhunderte mehrmals geschlossen und wiederbelebt wurde, übernahmen es 1863 Nonnen desselben Ordens, die heute neben dem Konvent eine Schule, ein Gästehaus sowie ein Kultur- und Begegnungszentrum führen.

LITERATURARCHIV

Das LITERATURARCHIV SULZBACH-ROSENBERG, das auch Literaturhaus und Museum der deutschen Literatur der 1950er- bis 1980er-Jahre ist, geht auf den hier geborenen Schriftsteller Walter Höllerer (1922–2003) zurück. Der Herausgeber der Literaturzeitschrift *Akzente* gehörte dem Autorenzirkel Gruppe 47 an. Zu den Beständen gehört auch die lange verschollen geglaubte erste Fassung von Günter Grass' *Die Blechtrommel*.

Die prachtvolle Stiftsbibliothek des Zisterzienserklosters Waldsassen (o. l. und u.) soll weiland schon Johann Wolfgang von Goethe beeindruckt haben. Das Literaturarchiv und -museum in Sulzbach-Rosenberg zeigt das verschollen geglaubte Manuskript des Romans *Die Blechtrommel* (o. r.) von Günter Grass.

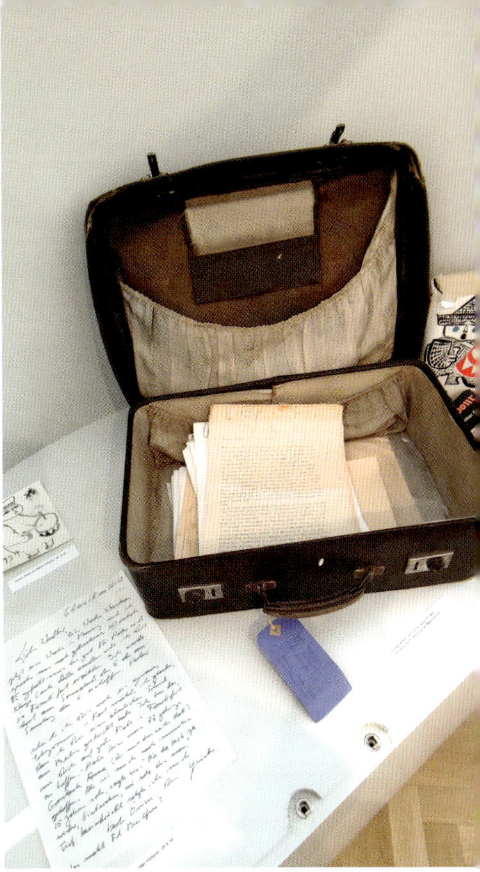

B

BIBLIOTHEK

Kammern zum Wundern

DIE STAATLICHE BIBLIOTHEK IN PASSAU

Eine faszinierende Wunderwelt ist die Passauer Jesuitenbibliothek. Das ist wörtlich gemeint: Was sich in diesen historischen Räumen der STAATLICHEN BIBLIOTHEK zwischen Holzregalen mit ehrwürdigen Lederbänden tummelt, ist spektakulär: eine drei Meter große Riesenkrabbe, ein Krokodil an der Decke, eine echte Ming-Vase oder das Horn eines Einhorns – das, zugegeben, aus dem Eckzahn eines Narwals geschnitzt ist. Die Verantwortlichen der Bibliothek, die auf das 1612 gegründete Passauer Jesuitenkolleg zurückgeht und damit eine der ältesten öffentlichen Büchersammlungen Deutschlands ist, haben aus ihr eine große Wunderkammer zum Staunen, Gruseln, Lernen und Lachen gemacht.

In der Zeit der Renaissance waren solche Kabinette als Vorläufer der heutigen Museen populär. Ausgestopfte Exemplare eines Brüllaffen, eines Schwertfischs und einer Flugeidechse etwa hat der Zoll beschlagnahmt und zur Verfügung gestellt.

In Passau darf gestaunt werden: In der Staatlichen Bibliothek mit ihrem glorreichen Rokokosaal sind nicht nur schmucke Bücher aus alter Zeit versammelt, sondern auch Skulpturen und Kuriositäten.

Eine Bücherkammer beherbergt Abgüsse griechischer Skulpturen, eine andere Architekturmodelle aus Kork, eine dritte physikalische Experimentiergeräte.

Den architektonischen Höhepunkt der Bibliothek bildet der Rokokosaal von 1740. Besucht werden kann die Jesuitenbibliothek samt Wunderkammer während der regulären Bibliotheksöffnungszeiten mit Führungen – Anmeldung erforderlich. Einen Besuch lohnt auch die frühere fürstbischöfliche Hofbibliothek mit ihrem barocken Prachtsaal voller weißer Bände. Sie ist Teil des MUSEUMS AM DOM.

MUSEUM

Die 1874 geborene Wirtstochter Emerenz Meier aus dem Dorf Schiefweg bei Waldkirchen skizzierte in Erzählungen und Gedichten voller poetischer Urkraft das Leben im Bayerischen Wald. Als 31-Jährige wanderte sie in die USA aus. Das Wirtshaus in Schiefweg heißt heute Zur Emerenz. Das Museum BORN IN SCHIEFWEG im Obergeschoss beleuchtet Meiers literarisches Schaffen und erzählt von der Auswanderung.

Regale in Kinderschuhen

DIE INTERNATIONALE JUGENDBIBLIOTHEK MÜNCHEN SAMT BÜCHERTRIP AN DER ISAR

Insgesamt 675.000 Kinder- und Jugendbücher in mehr als 250 Sprachen aus sechs Jahrhunderten? Das gibt es nur auf Schloss Blutenburg am westlichen Stadtrand von München. In unterirdischen Depots lagert die INTERNATIONALE JUGENDBIBLIOTHEK (IJB) ihre Sammlung. Gegründet von der Journalistin Jella Lepman, die 1936 als Jüdin aus Nazideutschland emigrieren musste und 1945 als Offizierin der US-Armee zurückkehrte, ist die Institution mittlerweile eine weltweit führende Anlaufstelle für Kinder- und Jugendliteratur. Das Team veranstaltet nicht nur Tagungen, Lesungen und Mitmachprogramme, vergibt Stipendien, prämiert internationale Jugendbücher im Katalog »White Ravens«, sondern organisiert auch zahlreiche Wanderausstellungen und vieles mehr.

Das Wasserschloss, das auf das Mittelalter zurückgeht, ist aber nicht nur Anlaufstelle für Forscherinnen und Forscher, die zerlesene – weltweit vielleicht nur einmal erhaltene – Bilderbücher in exotischen Sprachen suchen. Sie ist auch ein Erlebnispark rund ums Kinderbuch. Fotogen ist das Binette-Schroeder-Kabinett unter dem Dach. Die Kinderbuchillustratorin Schroeder hat ihre Sammlung gespendet. Hier tragen die Bücherregale Holzschuhe, und Truhen und Laden offenbaren kunterbunte Überraschungen. Ein anderer Trakt widmet sich Michael Ende, dem Verfasser von *Momo* und der *Unendlichen Geschichte* mit dessen eigener Büchersammlung, Manuskripten und einer Menge Erinnerungsstücken. Der äußerlich mittelalterliche James-Krüss-Turm ist innen wie ein Leuchtturm gestaltet. Er würdigt den meerverliebten Verfasser fantastischer Kindergedichte und des Romans *Der Leuchtturm auf den Hummerklippen*. Aktuelle Ausstellungen und eine Kinderbibliothek zum intensiven Schmökern und Ausleihen gibt es natürlich auch.

Das Binette-Schroeder-Kabinett im Dachgebälk der Münchner Blutenburg ist ein farbenfrohes Sammelsurium der Kinderbücher zum Schmökern und Staunen – ein Teil der Internationalen Jugendbibliothek.

BINETTE SCHROEDER
Lebensdaten und Werk

FLOHMÄRKTE

Zu Bayerns wohl spektakulärstem BÜCHERFLOHMARKT lädt die gemeinnützige Initiative »Gröbenzell hilft« am Wochenende nach Aschermittwoch. Horden Buchverrückter stürzen sich dann geradezu auf das riesige, bestens sortierte Angebot in der Sporthalle im Vorort Gröbenzell. LISAR – Lesen an der Isar – heißt der Bücherflohmarkt, der dem linken Münchner Isarufer mehrmals im Jahr einen Hauch Paris verleiht.

Münchens meistfotografierter Bücherort ist ohne Zweifel die JURISTISCHE BIBLIOTHEK mit ihrer schmiedeeisernen Wendeltreppe und ihren verschnörkelten Brüstungen. Sie kann im Rahmen von Führungen durch das mächtige, neogotische Rathaus am Marienplatz besichtigt werden. Im selben alten Gemäuer – zugänglich über die Weinstraße – hat die bereits 1698 gegründete BUCHHANDLUNG LENTNER ein gemütliches Zuhause. Sie betreibt auch ein Buchcafé in der Balanstraße. Im liebevoll sortierten Lieblingsbuchladen vieler Münchnerinnen und Münchner, LEHMKUHL in der Leopoldstraße, sind bibliophile Entdeckungen nicht ausgeschlossen.

Die wertvollsten – und meisten, nämlich mehr als elf Millionen – Bücher hortet die BAYERISCHE STAATSBIBLIOTHEK in Schwabing. Von den ehemals zahlreichen Antiquariaten in ihrer Umgebung sind nur wenige – etwa KITZINGER in der Amalienstraße – geblieben. Ein Geheimtipp: Wer gerne Ruhe beim Literaturstudium hat,

sollte einmal die umfangreiche BIBLIOTHEK DES DEUTSCHEN MUSEUMS ausprobieren. Sie ist zugänglich über den Innenhof nahe dem Museumcafé und -shop.

Das LITERATURARCHIV MONACENSIA residiert in einer opulenten ehemaligen Künstlervilla am Isarhochufer. Es erzählt mit einer Ausstellung und vielen Büchern von der Zeit vor dem Zweiten Weltkrieg, als München Literaturweltstadt war – mit Namen wie Lena Christ und Frank Wedekind, der Familie Mann und Lion Feuchtwanger, Oskar Maria Graf oder Karl Valentin.

Links: Die Monacensia im Hildebrandthaus erzählt von München als Stadt der Weltliteratur.
Oben: Jugendstilzauber von 1906 – die Juristische Bibliothek im Münchner Rathaus am Marienplatz

Das LYRIK KABINETT nahe der Universität widmet sich mit seiner Präsenzbibliothek in einem Glaskubus sowie einem spannenden Veranstaltungsprogramm ganz dem Gedicht in allen seinen Formen (s. Abb. S. 182). In der BIBLIOTHEK DES ALPINEN MUSEUMS auf der Praterinsel in der Isar hat Literatur zum Thema Bergsteigen eine Unterkunft gefunden. Die traditionsreiche TOLSTOI-BIBLIOTHEK in der Aldringenstraße hütet rund 47.000 Bände in russischer Sprache – darunter eine kostbare Sammlung russischer Emigrationsliteratur mit bibliophilen Schätzen aus aller Welt.

Und natürlich: keine Weltstadt ohne Literaturhaus. Münchens LITERATURHAUS am Salvatorplatz lockt mit hochkarätigen Veranstaltungen und Ausstellungen sowie behaglichem Kaffeehausflair in der BRASSERIE OSKARMARIA.

»Der Buchladen« beim Museumscafé in Gingst auf Rügen:
Da ist doch sicher ein feiner Urlaubsschmöker für den Strand dabei!

REGISTER

A
ABC-Antiquariat 69
Abrahamschacht-Antiquariat 40
Abtei Ottobeuren 167
Agnes-Buchhandlung 111
Alpirsbacher Offizin 155
Alte Bibliothek 21
Altstadt-Buchhandlung 81
Anna-Seghers-Museum 27
Antik- und Buchmarkt am Bodemuseum 23
Antiquariat Alt-Hoheneck 114
Antiquariat am Waidspeicher 52
Antiquariat an der Nikolaikirche 45
Antiquariat Bader 153
Antiquariat Dieter Zipprich 173
Antiquariat Fundevogel 173
Antiquariat Geisterschmiede 27
Antiquariat Hatry 139
Antiquariat Hennwack 27
Antiquariat Hierana 52
Antiquariat im Baldreit 140
Antiquariat Kitzinger 184
Antiquariat Lorang 172
Antiquariat Michael Solder 95
Antiquariat Tresor am Römer 129
Art Book Saar 121
Auerbachs Keller 65
Augsburg 167
Auktionshaus Bassenge 26
Autorenbuchhandlung Berlin 22
Autorenbuchhandlung 129
Axien 35

B
Bachmann & Rybicki 39
Bad Homburg 131
Baden-Baden 140
Badische Landesbibliothek Karlsruhe 82
Bamberg 171 ff.
Bayerische Staatsbibliothek 184
Berlin 21 ff., 24 ff., 65, 164
Berliner Büchertisch 27
Bermersheim 32
Bernkastel-Kues 116
Bett & Buch 27
Bibliotheca Apostolica Vaticana 137
Bibliothek der Fürstlichen Abtei zu Amorbach 132
Bibliothek der Hansestadt Lübeck 70
Bibliothek der Oberlausitzischen Gesellschaft der Wissenschaften 36
Bibliothek des Alpinen Museums 185
Bibliothek des Deutschen Museums 185
Bibliothek des St. Nikolaus Hospitals 116
Bingen 32
Blaubeuren 162
Bochum 100
Bönnigheim 33
Braunschweig 63
Brecht-Haus 167
Brecht's Bistro 167
Bredevoort 104
Bremen 89, 92
Bronzestatue Georg Christoph Lichtenbergs 59
Buch & Grafikantiquariat Ananda Art Gallery 105
Buch- und Filmladen Caligari 153
Bücherbogen 22
Bücherburg Katlenburg 60
Bücherdorf 104
Bücherflohmarkt 184
Bücherhaus 105
Bücherkirche Axien 35
Bücherstadt Langenberg 103 ff.
Bücherstube am Fleth 77
Buchhandlung & Antiquariat Gebecke 55
Buchhandlung am Obstmarkt 167
Buchhandlung C. Roemke & Cie. 110
Buchhandlung Collibri 173
Buchhandlung Friedrich Schaumburg 77
Buchhandlung H. P. Will 153
Buchhandlung Klaus Bittner 109
Buchhandlung Krüger 143
Buchhandlung Lentner 184
Buchhandlung Ludwig 45
Buchhandlung St. Johann
Buchhandlung Taube 144
Buchhandlung Thalia 113
Buchhandlung und Antiquariat Jos Fritz 159
Buchhandlung von Blum 60
Buchhandlung Walther König 110
Buchhandlung Wortreich 110
Buchhandlung zum Grünen Baum 168
Buchhandlung zum Wetzstein 159
Buchkaffee Vividus 153
Buchladen Neusser Straße 111
Buchmarktplatz 152
Buddenbrookhaus 70
Buhne 16 65
Burg Hülshoff 33, 99
Burg Meersburg 33
Burg Wissem 113

C
Cadolzburg 173
Café Frida 60
Café Goldmund 109
Calibri Buch & Café 173
Caricatura – Museum für Komische Kunst 126
Central W33 45
Chamisso-Museum 29
Chemnitz 40
Conversationshaus 84
Coppenrath Verlag 97
Cottbus 30, 65
Cuxhaven 82

D
Der Büchergärtner 121
Der Gutenberg – Die Buchmacherey 105
Der Leseladen 114
Deutsche Nationalbibliothek 129
Deutsches Buch- und Schriftmuseum 43
Deutsches Historisches Musuem 23
Deutsches Literaturarchiv 144
Deutsches Romantik-Museum 126
Deutsches Technikmuseum 164
Deutsches Zeitungsmuseum 165
Die Bücherquelle 105
Dillingen 167
Dinkelsbühl 168
Diözesanbibliothek Münster 97
Dr. Götze Land & Karte 74
Dresden 39
Düren 165
Düsseldorf 107
Düsseldorfer Büchermeile 107

E
Eckermannsche Buchhandlung 53
Eichstätt 83
Elbchaussee 65
Eltville 125
Emden 87
Endingen 155
Erfurt 52
Erich-Kästner-Bibliothek 174
Erika-Fuchs-Haus 177
Essen 100
Eule 53
Extrabuch 96

F
Fabularium 35
Faust-Museum 143
Feldberg 66
Felix Jud & Co. 73 f.
Felixsee 65
Franckesche Stiftungen 46
Frankfurt a. d. O. 29
Frankfurt a. M. 65, 126 ff.
Frankfurter Buchmesse 129
Frauenbuchladen Thalestris 152
Freiberg 40
Freiburg 156 ff.
Fundevogel 159
Fürstenhäusle 33
Füssen 167

G
Gartenhäuschen 53
Geburtstaus Friedrich Schillers 144
Gedenkstein Heinrich von Kleist 26
Gerhart-Hauptmann-Haus 69
Gingst/Rügen 69
Gleimhaus 55
Glückstadt 77
Goethe-Haus 126
Goethe-Nationalmuseum 53
Goethe-Rundweg 122
Goethe-Wanderung 122
Görlitz 36
Görres-Gymnasium 107
Göttingen 59
Grab von Thomas Mann 65
Grimmwelt 92
Gröbenzell 184
Groß Breesen 66
Gutenberg-Museum 125
Gutshotel 66

H
Halberstadt 55
Halle 46
Hamburg 65, 73 ff.
Hameln 60
Hanau 92
Hans-Fallada-Museum 66
Hasenstall 96
Hattstedtermarsch 78

Haus der Bücher 89
Havixbeck 99
Heckenhauer 150
Heidelberg 65, 137 ff.
Herr Heilmann 173
Herzog-August-Bibliothek 63, 82
Herzogin Anna Amalia Bibliothek 50
Hiddensee 69
Hillesheim 119
Historische Bibliothek 140
Hoffmann's Buchhandlung 53
Hölderlinpfad, 131
Hölderlinturm 150 f.
Homburg/Saar 121
Hoppenlaufriedhof 147
Hotel Löwen 65
Husum 78
Husumer Antiquariat 78

I
IKMZ der Brandenburg. Techn. Universität 30
Internationale Jugendbibliothek 182

J
Jacob-und-Wilhelm-Grimm-Zentrum 23
Jean Paul Weg 177
Jenaer Bücherstube 49
Jever 87
Joachim-Ringelnatz-Museum 81
Joditz 177
Johannes a Lasco Bibliothek 87
Juristische Bibliothek 184

K
Kaiserdom Merseburg 46
Kapitel Drei 75
Karl Marx Buchhandlung, 128
Karl May Museum 39
Karlsruhe 82
Kassel 92
Katlenburg 60
Kaufbeuren 33
Kirchheim unter Teck 114
Kleine Letternpresse 75
Kleist-Museum 29
Klingspor-Museum 131
Kloster Eberbach 125
Kloster Maulbronn 143
Kloster Roggenburg 167
Kloster Wiblingen 162
Klosterbibliothek Maria Laach 116
Klosterbibliothek 158
Klostergärten Reichenau 161
Knirps & Riese 109
Knittlingen 65, 143
Köln 109 ff.
Konditorei Engel 65
Korn & Berg 114
Krimihotel 119
Krimimuseum 87
Kriminalhaus und Café Sherlock 119
KulturKaufhaus Dussmann 23
Kunersdorf 29
Kunsthandlung Wekenmann 153

L
Land in Sicht 128
Leipzig 43 ff., 165
Leipziger Antiquariat 45
Leipziger Buchmesse 44
Leseratte Buchladen 63
Lesezeichen 119
Leuchtturm 84
Lindau 167
LISAR 184
Literarisches Colloquium 26
Literaturarchiv Sulzbach-Rosenberg 178
Literaturhaus Leipzig 45
Literaturhaus München 185
Literaturhotel 26
Literaturmuseum der Moderne 144
Ludwigsburg 114
Lyrik Kabinett 185
Lyrikhandlung 152
Lyrikweg 99

M
Magdeburg 35
Mainz 125
Manulit 109
Marbach a. N. 144
Marzahner Promenade 65
Maulbronn 143
Mayersche Buchhandlung 107
Mayrhans 153
Meersburg 65
Merseburg 46
Michelstadt 132
Monacensia 185
MONTBLANC HAUS 75
MUKK 96
Mummelsee 64
München 65, 182 ff.
Münster 95 ff.
Museum am Dom 181
Museum am Strom 32
Museum Born in Schiefweg 181
Museum für Druckkunst 165
Museum für Kommunikation 164
Museum für Schreibkultur und Kalligrafie 165
Museum Otto Schäfer 174
Museum Reichenau 161
Museum Sophie la Roche 33
Museum Spandovia Sacra 24
Museum Wolfram von Eschenbach 168
Museum Alte Synagoge 52

N
Neues Palais 22
Nicolaus-Matz-Bibliothek 132
Niedersächsische Staats- und Universitätsbibliothek 59
Norderney 84
Nürnberg 114

O
Oberried 158
Oberschwarzach 174
Offenbach a. M. 33, 131
Otterndorf 81
Ottobeuren 167

P
Papiermuseum 165
Park Hotel Post 156
Passau 181 ff.
Phantastische Bibliothek 122
Philosophenweg 138
Potsdam 22

Q
Quedlinburg 55

R
Radebeul 39
Rastatt 140
Reichenau 161
Reichsstädtische Bibliothek 167
Reinhardswald 92
Remmi Demmi 153
Restaurant Veloci 40
Roggenburg 167
Rosta 96

S
Saarbrücken 121
Sababurg 92
Sanspareil 177
Sanssouci 22
Schatzinsel, Münster 96
Schatzkammer der Stadtbibliothek Trier 116
Schiefweg 181
Schiller-Nationalmuseum 144
Schillerhaus 53
Schlesisches Museum 36
Schloss Burgk 49
Schloss Charlottenburg 22
Schubartstube 162
Schwarzenbach a. d. S. 177
Schweinfurt 174
Siebter Himmel 109
Soest 64
Sophie-la-Roche-Stube 33
Speyer 33
St. Mang 167
Staatliche Bibliothek 171
Staatliche Bibliothek 181
Staatsbibliothek unter den Linden 21
Stade 77
Stadtbibliothek am Mailänder Platz 147
Stadtbücherei-Hauptstelle 95 f.
Stadtmuseum 33
Stadtmusikanten- und Literaturhaus 89
Staufen i. Breisgau 65
Stausee 65
Stiftsbibliothek Waldsassen 178
Stories! 75
Storm-Haus 78
Stralsund 69
Struwwelpeter Museum 128
Studienbibliothek Dillingen 167
Stuttgart 147
Sulzbach-Rosenberg 178
Sylt 65

T
Taschen Bookstore 111
Thale 65
Trier 116
Troisdorf 113
Tübingen 150 ff.
Tübinger Bücherfest 152
Tübinger Literaturpfad 150

U
UBU-Antiquariat 100
Ulm 162
Uniseum 156 f.
Universitäts- und Landesbibliothek 97
Universitätsbibliothek Heidelberg 137
Universitätsbibliothek 159

V
Velbert-Langenberg 103 ff.
Villa Concordia 173
Villa Hügel 100

W
Wadgassen 165
Waldsassen 178
Warburg-Haus 73
Weimar 50 ff.
Weltenleser 128
Wendeltreppe 128
Wetzlar 122
Wiehl 165
Wolfenbüttel 63, 82
Wolfgang-Borchert-Theater 97
Wolframs-Eschenbach 168
Wolfsbrunnen 139

Y
Ypsilon 128

Z
Zwei-Zimmer-Museum, Velbert-Langenberg 104

BILDNACHWEIS

Lookphotos: 11: Dressler, Hauke; 12/13: Johaentges, Karl; 22 l.: ClickAlps; 33 u., 136 u.: Jalag/Selbach, Arthur F.; 37 o., 158: travelstock44; 47 o. l.: Schulz, Stephan; 50, 53, 62, 82 l., 101 o. r., 117 o. r., 117 u., 145 o., 179 u.: Zielske, H.& D.; 52: Böttcher, Ulf; 64, 98, 117 o. l.: Wohner, Heinz; 65 o., 169: Stankiewicz, Thomas; 65 M.: Jalag/Wrage, Götz; 67 u. l.: Pollex, Sylvia; 79 o.: Meinhardt, Olaf; 93 u. r., 151 o. l.: age fotostock; 104, 105: VWPics; 142 u., 163 o. l., 163 u.: Bayerl, Günther; 146, 151 o. r.: Rüggeberg, Thordis; 170 o.: Frei, Franz Marc

Mauritius Images: 31 o. l.: Bernhard Classen/Alamy/Alamy Stock Photos; 31 o. r., 31 u.: Rainer Weisflog; 65 u.: Jochen Eckel/imageBROKER; 75: Michael Kneffel/Alamy/Alamy Stock Photos; 83 u. l.: World Book Inc.; 136 o. l., 151 u.: Zoonar GmbH/Alamy/Alamy Stock Photos

picture-alliance: 27: Bildagentur-online/Schoening; 32, 48 o. l., 48 o. r., 72 o. r., 83 u. r., 148 l., 149 o. r.: akg-images; 33 o.: imageBROKER | Katharina Hild; 34 o. l.: akg-images/Schuetze/Rodemann; 34 u., 43, 47 o. r., 47 u.: dpa/dpa-Zentralbild | Sebastian Willnow; 37 u.: ZB | Wolfgang Wittchen; 44: ZB | Peter Endig; 45: Schoening; 48 u.: imageBROKER | Michael Nitzschke; 54 o. l.: dpa/dpa-Zentralbild | Matthias Bein; 54 o. r.: imageBROKER | Wilfried Wirth; 54 u.: dpa | Klaus-Dietmar Gabbert; 58 u.: Jan Vetter; 67 o.: ZB | Bernd Wüstneck; 67 u. r.: ZB | Jens Büttner; 71: dpa | Axel Heimken; 80 o.: imageBROKER | Angela to Roxel; 80 u.: Eventpress | Henry H. Herrmann; 82 r.: dpa | Uli Deck; 83 o. l.: imageBROKER | Olaf Krüger; 86 u.: akg-images | akg-images/Michael Zapf; 93 u. l.: epd-bild | Andreas Fischer; 94 o.: dpa | Oliver Krato; 94 u., 123 u.: imageBROKER | Stefan Ziese; 97: dpa | David Inderlied; 101 u.: imageBROKER | Karl F. Schöfmann; 108, 110: Rainer Hackenberg; 109: Panama Pictures | Christoph Hardt; 111: dpa | Rolf Vennenbernd; 114: dpa | Daniel Karmann; 118 o.: Hans-Joachim Rech; 118 u.: DUMONT Bildarchiv | Rainer Kiedrowski; 127 o.: imageBROKER | Schoening; 127 u.: Bernd Kammerer; 128: epd-bild | Tim Wegner; 129: dts-Agentur; 130 u.: dpa | Daniel Reinhardt; 133 u. r.: akg/Bildarchiv Steffens; 142 o.: United Archives | IFTN; 145 u.: dpa | Fabian Sommer; 148 r.: Liszt Collection; 149 o. l.: dpa | ORF/Pro omnia film/Andreas Sulzer; 159: ROPI | Antonio Pisacreta; 160: Heritage-Images | Heritage Art/Heritage Images; 165 o. r.: dpa | Hendrik Schmidt; 165 u. r.: dpa | Oliver Dietze; 166 o. l.: dpa | Karl-Josef Hildenbrand; 170 u.: dpa | Timm Schamberger; 172: dpa | dpa-Film Kinowelt; 175 o. r.: Bildagentur-online/Sunny Celeste; 182: dpa | Sven Hoppe; 185: DUMONT Bildarchiv | Michael Campo

Shutterstock: Illustrationen Buchstaben: Febrian Adi; Illustrationen 7, 14, 15, 18, 32, 56, 64, 82, 90, 114, 134, 148, 164: YagudinaTatyana; 4: Werner Spremberg; 20 u.: Stefan Milivojevic; 22 r.: Emzzi; 23: Kiev.Victor; 42: Jan Adler; 85 u. r.: Peter Baum; 96: jeeick; 106 o.: Stephan Walochnik; 130 o.: Boris Mayer; 136 o. r.: travelview; 138: Firn; 149 u. l.: Ralf Liebhold; 149 u. r.: ppl; 171: Andreas Zerndl

Weitere: 3, 51: Herzogin Anna Amalia Bibliothek – Klassik Stiftung Weimar; 16/17, 180: Staatliche Bibliothek Passau; 20 o.: Staatsbibliothek Unter den Linden/Kulturwerk; 24, 25, 26 l., 26 r., 28, 72 u., 139, 141 u. r., 153, 157: Bernhard Hampp; 34 o. r.: Fabularium; 38: Karl May Museum Radebeul; 41: Abrahamschacht-Antiquariat Schmidt; 58 o.: Wikimedia Commons/Frank Schulenburg; 61: Carolin Hlawatsch/www.tierisch-in-fahrt.de; 68, 79 u., 186: Olaf Meinhardt; 72 o. l.: Wikimedia Commons/Ajepbah; 74: ©MONTBLANC HAUS; 76 o.: Buchhandlung Friedrich Schaumburg; 76 u.: Bücherstube am Fleth; 83 o. r.: Wikimedia Commons/H.-P. Haack; 85 o., 86 o. l., 86 o. r.: Ottmar Heinze; 85 u. l., 124 o. r.: Udo Bernhart; 88: Haus der Bücher, Bremen; 93 o., 101 o. l., 176: Jörg Berghoff; 102, 103: Udo Haafke; 106 u.: maratroeger.de; 112 o.: Bilderbuchmuseum Troisdorf/2022 Wolfgang Grümer (gruemerfoto.de); 112 u.: Bilderbuchmuseum Troisdorf/Museum Burg Wissem; 115: Verena Voß; 120: Art Book Saar; 123 o. l., 123 o. r.: Phantastische Bibliothek Wetzlar; 124 o.l., 124 u.: Gutenberg-Museum Mainz/Carsten Costard; 133 o., 133 u. l.: Erwin Müller; 141 o., 141 u. l.: Historische Bibliothek/Stadt Rastatt; 152: Antiquariat JJ Heckenhauer/Peter Neusser; 154: Alpirsbacher Offizin/Pressebild; 156: Wikimedia Commons/Andreas Schwarzkopf/CC BY-SA 4.0; 163 o. r., 166 o. r., 166 u., 179 o. l.: Lisa Bahnmüller; 164 o. l., 164 u. l.: SDTB/C. Kirchner; 164 r.: Museum für Kommunikation, Berlin; 165 o. l.: Papiermuseum Düren/Peter Hinschläger; 165 u. l.: Museum für Schreibkultur und Kalligrafie; 173: Calibri Buch & Café; 175 o. l., 175 u.: Museum Otto Schäfer; 179 o. r.: Literaturarchiv Sulzbach-Rosenberg; 183: Internationale Jugendbibliothek, München; 184: Wikimedia Commons/Fentriss/CC0

DER AUTOR

Bernhard Hampp, Jahrgang 1975, ist Journalist, Kräuterpädagoge und Reiseschriftsteller. Als Buchdetektiv macht er sich von seinem Wohnort Nördlingen aus regelmäßig auf die Reise in alle Welt, um versteckte Bibliotheken mit Geheimtüren, verwunschene Manuskripte, urige Buchläden und faszinierende Büchermenschen mit ihren Geschichten zu entdecken.

DANKSAGUNG

Der Verlag bedankt sich herzlich für die Unterstützung durch:

Offizin Alpirsbach

Gutenberg Museum Mainz

Gutshof »Insel« Literaturien

IMPRESSUM

Verantwortlich: Maren Langendorff
Lektorat: Helga Peterz
Korrektorat: Lena-Maria Denu
Layout und Satz: BUCHFLINK Rüdiger Wagner

Repro: LUDWIG:media
Kartografie: Huber Kartografie, Heike Block
Herstellung: Alexander Knoll
Printed in Poland by CGS Printing sp. O. o.

Sind Sie mit diesem Titel zufrieden? Dann würden wir uns über Ihre Weiterempfehlung freuen.
Erzählen Sie es im Freundeskreis, berichten Sie Ihrem Buchhändler, oder bewerten Sie bei Onlinekauf. Und wenn Sie Kritik, Korrekturen, Aktualisierungen haben, freuen wir uns über Ihre Nachricht an Bruckmann Verlag, Postfach 40 02 09, D-80702 München oder per E-Mail an lektorat@verlagshaus.de.

Unser komplettes Programm finden Sie unter: www.bruckmann.de

5. aktualisierte Auflage

Infanteriestraße 11a, 80797 München
ISBN 978-3-7343-3072-8

Umschlagvorderseite: Regal einer traditionellen Buchhandlung in Frankfurt (mauritius images/Signumlux)
Umschlagrückseite: oben: Rokokosaal der Herzogin Anna Amalia Bibliothek in Weimar (Lookphotos/Zielske, H.& D.)
S. 3: Der moderne Bücherkubus der Herzogin Anna Amalia Bibliothek in Weimar; S. 4: Installation im Jahr 2014 auf dem Berliner Bebelplatz